此书献给道路、真理、生命……

成就最美好的自己

黑玛亚身心灵美丽策划书

黑玛亚 著

中国青年出版社

目 录

第三篇
管理你的衣橱——每个女人的必修功课

第四篇

带新衣服回家——实现你的美丽梦想

第五篇

衣着之外的事情——做一个秀外慧中的女人

第六篇

持守你的美好

{序言}

美，令人一窥天堂的样貌

当玛亚邀请我为本书作序时，我实在相当挣扎。因为对于玛亚这个人以及她这本书的主题，我心里实在有太多想说的，却不知该从何说起。正如玛亚的许多忠实读者一样，我有幸读过玛亚的书以及她在报刊上关于时尚的精彩文字，也有机会成为她的朋友，一起共享过许多深刻美好的时光。很明显的一件事是，玛亚不仅本身便是美的化身，并且她完全认识美为何物！

我查了“美”这个字在英语词典里的定义，是这样说的：能够给视觉、听觉、思维或心灵带来愉悦的品质之事物。第一次见到玛亚，是在一个属于女人聚会的午餐场合，我对她的第一印象便是“好一个美丽的女人”！玛亚正是英语词典里对美的定义的呈现，一位带给人视觉、听觉、思维与心灵愉悦的美丽女人。

要写一本关于美的书是需要极大信心的——让我告诉你为什么：要写一本能够帮助人成就自身美好的书，不仅写作者本身必须是一位美好的人，还要是一位极有经验帮助别人成就美的人。玛亚正是这样一位难得的人物。

我怎么知道这本书会是一本能够帮助你成就美的书呢？

第一次拜访她的形象设计公司是一个周日的下午，走进公司的会客室，就如同走入一个典雅欧式乡居小筑的客厅，舒适的沙发，别致的杯盘盛放着香醇的茶与自烤的小甜饼，玛亚的姑娘们（玛亚如此称呼她公司的员工们），每位都美得令人着迷。我坐在那里，静静地分析着到底是什么令她们的美这样令人激赏——每位姑娘的穿着打扮各异，脸上只有淡淡的妆容，却全然散发出个人独特的气质美，无一例外。啊！我懂了，原来，玛亚具有强大的感染力，她能将自己的美不断复制，然后再照着每个人的特质成就个人的独特美！

玛亚的婚礼一样令人终生难忘！一件古朴的透明纱袖及地白色婚纱，以紫色宽边缎带系着纤腰，完全衬托出玛亚全身上下最美之处——肤色、身材，以及最重要的：玛亚的纯真个性。紫色系的婚礼布置，加上紫色装扮的每一位婚礼宾客，新娘玛亚与她那俊美的新郎缔结婚约，里里外外散发出真实的美与善，令所有的人，包括在场的服务生都感动落泪，真是一场极美的、欢笑中带泪、泪中充满笑声的美丽婚礼。

玛亚对美的理解极其深刻，她能够透视美在个人身上的存在，她懂得找寻个人的美，并且将那久被遗忘、躲在角落的美引发出来。在玛亚身边的人没有不美的，因为玛亚相信个人都有成就她（或他）独特之美的可能性，并且，因着玛亚对美的深刻认识，她更有着成就别人美的可行性。

如同玛亚说的，美绝不是一件小事。美，令人一窥天堂的样貌，活在“美”的人生中令人在地如在天！愿这本书也能成就你独特的美！

美国尹能咨询顾问公司总裁　杨高俐理

｛写在前面的话｝

美好能拯救你的人生

是怎样的因缘际会让我们相遇在这本书里，在这些话语文字里，还要让未来的时间去揭晓……

美丽不是一件小事，不是仅仅为了让一个男人爱上你的小事，美丽是让所有人都见证你将自己的美好活了出来的大事。形象是你的过去、现在、未来的总和，在你的形象中，你的过去应该成为你的保藏，你的现在成为你的语言，你的未来是你的梦想，你必须在同一个时空里，表达你的保藏、语言、梦想。

假如你六十岁了，我已经无法让你变得像梅丽尔·斯特里普，因为她现在的模样是由她一生中的各种选择累积而来，但是我仍旧可以使你一生中最值得骄傲的经历呈现出来——如果你选择我从现在开始来管理你的形象……

假如你只有三十岁，你太应该做这件事了——做一个最好的你！你需要我，你的镜子从来就不能最欣赏你，但我却能；我也需要你，因为没有哪一种设计能如此地让我百感丛生、充满激情——每一次都必须要有一个全然陌生的生命与我的灵感结合来完成。你就是我心里书写的最新故事，当那个最好的你出现时，我才能为它画上省略号……我将看着这个最好的你重新出发，在自己的生命里迈出美妙的步伐。亲爱的，你知道吗，我们都将如此欣喜地发现自己的生命是这样好的风景啊，你的美丽，对你来说，原来如此足够！

我想说说应该摆在书的开篇就谈的一个话题，人为什么要做形象设计？

我小时候看过很多的童话，无一例外地喜欢灰姑娘类型的故事，但我喜欢的重点是仙女魔棒变幻出来的礼服和马车，当时我认为那是灰姑娘让王子一见钟情的原因……这种影响使我从小就重视衣裳是否好看。小学四年级我就会用针线将自己的夏装缝出腰身，会绣手帕送给同桌当生日礼物。

美丽不是一件小事，不是仅仅为了让一个男人爱上你的小事，美丽是让所有人都见证你将自己的美好活了出来的大事。

读中学时，我看过一部老电影《烈火中永生》，里面的江姐形象对我有了更深的启迪。不是因为江姐的坚强感动了我，而是因为她面对刽子手时的从容高贵。那一幕深刻地留在我的脑海里——即将赴刑场的江姐，面对含泪告别的狱友淡定庄重，她穿上自己最好的衣服，阴丹士林布的旗袍，外面郑重地罩上红色的开衫毛衣，安静地把自己的短发梳理整齐……那一幕每每想起都会令我感慨！因为那代表了一个无声的宣告：“我不惧怕你，你无法战胜我，你没有打败我！”面对死亡，江姐用自己最后的形象衬托出敌人的丑陋，宣告了一种内心的胜利，也塑造了自己的尊严！

亲爱的，还有什么比生死关头更加紧迫的事，会令你仓皇到接受自己制造出来的狼狈？你知道吗，当你不能让自己呈现出美好的状态时，你就像是在宣告：你被生活打败了。

你被时间打败了。

你被手中的工作打败了。

你被家庭打败了。

你被孩子打败了。

……

因为我不止一次地听到这样的抱怨：我太忙了没时间逛街、我实在没时间打理我的头发、我现在还在带孩子没空打扮……隐藏在这后面的语言就像是：你并不能胜任你的工作，因为它让你焦头烂额；你并非能干的主妇，以至于什么都一团糟；你生活得并不富足，以至于没有任何休闲……你不仅是一个在服饰上缺乏的人，还是一个在各方面都缺乏的人，所以必须疲于奔命……

我们的形象，以及我们对待自己形象的态度真的就是我们人生的写照。什么是优雅？优雅是打不败的状态，是随时随地都能持守的美好。

形象是对一个人保有特定感情的影像，是一个人给他人的视觉记忆、印象、评价等因素的总和。

形象设计是根据人的个性、身份和职业，在时代的价值观和审美观的基础上挖掘出独特性，通过对穿着的重新建立、外貌的修饰和内心的调整，向他人传递出最为良好、独特的个人魅力，让本色形象达到外貌魅力指数的最高值，同时让自己享受人生的最佳状态。

你可以用形象宣告：

你是一个稳重可靠的人。

你是一个见多识广、有品位的人。

你是一个传统、高尚的人。

你是一个新锐、有天赋的人。

你是一个摩登、有能力的人。

你是一个温柔、值得信赖的人。

……

在生活中，你是否有过他人不理解你、错看了你的时候？你是否遇到过只能意会不可言传的场景？你是否渴望，你的出现赢得旁人的赞许？你是否希望，你的在场举足轻重？

我盼望所有想做形象设计的人，不是为了用新衣服填满衣橱，而是为了表达出一个最好的自己！这个“自己”，不仅仅是好看，而是美好，是一个最好的你！因为好的形象设计能够有效地体现出你的修养、内涵、学识、权威。一个最好的你，看起来应该是在所有场合都衣着举止得体，都是被尊重、被喜爱的！

玛／亚／的／话

1. 找到适合自己的形象设计师，了解对方最根基的理念，那种理念不是行话、不是广告，而是属于设计师自己的原创的设计理念。如果那些理念是直抵你内心深处的，那么他就是你要寻找的人。
2. 做形象设计之前，清楚地知道自己想要的是什么，并且坦白地告诉设计师，不要害怕说出自己的梦想！诚实而专业的形象设计师都会告诉你他能否做得到。
3. 在形象设计过程中充满信心、信任，既要敢于问为什么，又要敢于接受，敢于领受。只要找对了设计师，就将自己的形象完全交托出去，你的收获才会达到最大值。
4. 世界上绝不亏本的投资就是正确投资自己的形象！

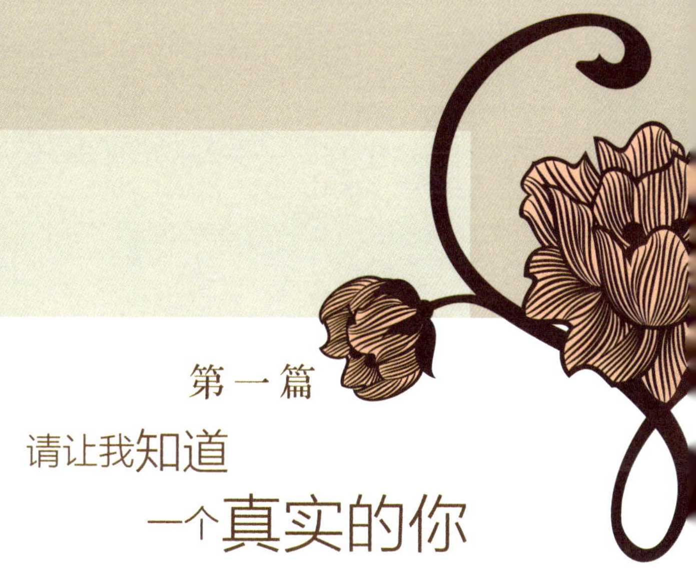

第一篇

请让我知道一个真实的你

{一}

寻找你与生俱来的独特之处：风格测试

人人都想拥有自己独特的风格，风格由你的身、心组成，只是隐而未现，你不能发现，是因为你对自己的了解、接受、表达都还不足够。

风格测试在形象设计过程中看起来很跳跃，因为会有不同类型、不同关联、不同年代的代表物在你身上进行配搭、结合。在这个过程中，我们要发现的是你与精致、豪迈、浪漫、现实、恬静、温柔、力量、繁复、简约、古典、端庄、神秘、高尚、性感、不羁、圣洁、喧闹、粗犷、乡土、波西米亚、布尔乔亚、美式华丽、欧式高贵、东方情调……之间的关系是什么。这些关系可能是排斥的，也可能是和谐的、微妙的、遥远的、亲近的，也可以是重复的、交叉的……因为人是丰富的、复杂的，能够有效、正确表达这种丰富和复杂元素的装扮，才是成功的形象设计。之所以说是有效、正面的，是为了调整某些原本表现过度的风格语言。

比如豪迈是某些女性的特质，因为这种特质本身属于强势特质，所以会使得拥有这种特质的女性表达过度，以至于淹没了她另外的美好特性，甚至会让人忘记了她是个女人。这时候，就需要在形象上做出调整，

这种调整不能超越她的气质承受能力，否则会使她显得不伦不类，就像化了一个不像她的妆容。

寻找被设计者的风格虽然不是用具体的每件衣服来测试，但是测试的结果却是为了能够引导着装的方向，而且准确率是很高的，也对将来选择服饰有相当重要的帮助和提示。

为了更加深层地了解一个人，我还会用香水来做风格测试的补充。我从十八岁开始用香水，十多年前，我就开始收集我喜欢的香水。我在收集使用的过程中，发现自己的爱好会发生变化，过去曾经深爱的香型，现在闻起来竟然很漠然，而不久前拒绝用的香型，现在竟然十分喜爱……我在几年前一段不开心的生活里，曾经非常讨厌闻爱马仕一款名叫“雨季后花园”的香水，里面弥漫着暗夜温润的花香和蜜瓜的缠绵……我闻着竟然会头晕，因为那与我当时的心情实在太不吻合，我觉得太甜腻了。现在，我竟然已经快用完一瓶了，公司里年轻的设计师酷酷地说：“好甜啊，好甜啊。”而我却觉得别致温馨，因为这符合我现在的生活和心情。

形象设计有一个要点是：必须与被设计者的生活吻合，她（他）的事业、生活、爱情、婚姻、成长、学习、转折点、痛苦和幸福都是你必须关注的，当你了解到这些之后，你才可以在设计中展现形象为她（他）的生活带来的改变和力量。香水，就这样充当了最好的媒介，让我走近被设计者。但是，这必须建立在对香水全面和客观的了解、积累和把握的基础上，不可以带着浓厚的个人偏好，而且必须要有敏感准确的嗅觉和有阅历的健康心灵。

我非常肯定地认为，嗅觉能够发出心声，表达心理年龄、梦想、性格和生活的变化，还会坦露个人的情感偏好和内心世界……许多隐而未见的性情常会隐藏在嗅觉之中，嗅觉从不撒谎。香水测试是一个有趣的旅程，是一个探险和发现的过程，充满快乐和惊奇，它的收获常常让人意想不到。一些经由测色、风格测试都未能发现的性格特征，会在香水的测试中被挖掘出来，非常奇妙。

> 每个人都有自己的风格，根据每个人独特的风格和生命的需要来确定风格类型才是真正的量身打造。

我也喜欢帮人寻找香水，对我来说，这就像冒险家之于探险。我曾经将新出的香水试用装按照我对公司几个姑娘的了解和分析送给她们试用，结果是她们现在都在用那些香水，因为她们觉得那正是她们喜欢的。我甚至会通过姑娘们对自己母亲性格的描述来帮她们买香水送给母亲，结果也很准确地被母亲们所喜爱。香水这种飘荡在空气中的时尚，有时远比一件时装更合身合意。

这就是我为什么从来不预先设定人物风格类别的原因，因为每个人都有自己的风格，根据每个人独特的风格和生命的需要来确定风格类型才是真正的量身打造。如果你问我，人可以分为几种风格？我会告诉你，无数种。我们都相信世上没有两个相同的人，但是我们又常常希望跟别人一样，属于某一类。一开始，总有人问我：“我属于哪种风格？”我告诉她：“你会成为最好的你，独一无二。”感谢上帝，人人都喜欢独一无二，人人本来就是独一无二的。让你成为最好的你，是我的设计承诺。

当完成了风格测试的过程之后，就是令人激情澎湃的气质定位了。这一刻，我和被设计者都期待已久。

玛／亚／的／话

1. 打开自己的心扉，坦言自己喜欢的一切以及惧怕的一切，因为你的风格一定是丰富的组合，而不是单一的、一成不变的单调形象。你会发现一个新的自我，一个完整的自我。没有自我的人，不会有风格。梳理内心是形象设计的第一步。
2. 要记住，寻找自我风格是为了自身的建设和完整，不是为了虚荣，你将得到的风格是属于你个人的，自在的，你才能驾驭得游刃有余。只有这样，你得到的赞美才会是永远的。
3. 展开你的想象力，回忆你儿时的向往，以及喜欢的一切气味，让自己的嗅觉享受丰富起来，开始学习做一个精神上的富翁。
4. 自我风格非常宝贵，它与你一起诞生、成型，寻找到它，恢复它，是找到不可复制的自我形象的第一步。风格测试是让我看到你的昨天，并且把好的因素带进今天和未来，把不好的因素做调整，或结束。

{二}

为你的形象做加减法：气质定位

如果说风格测试是让我看到了你的昨天，那么气质定位则是为你现在和将来的形象作出判断。（但不是永远，因为形象会随着生活、生命的转变、提升而不断调整、更新、进步。）

气质定位就是让见到你的人能够清晰地接收到由你自己散发出来的、关于你是一个怎样的人的美好信息，这个信息的传递既适合你要见到的人，也适合你自己的表达能力，它会让你自在而又自信，并且激发见到你的人对你的尊敬和喜爱。所以，气质定位里有对不同场景的定位描述，但他们都是你——真实而又美好的你，一个最好的你！

我之所以说做气质定位是令人激情澎湃的时刻，是因为很多被设计者听完自己的气质定位之后，都热泪盈眶，有的甚至哭了出来，或者非常兴奋、充满感激……当然，也有少数人会质疑："我有这么好吗？"

你当然就是这么好！人人都是一个杰作，当我决定全职来做这份事业的时候，我就立志要让这个事业成为一个赞美的事业，通过形象设计专业实现对每个生命的赞美，为每一个被设计者恢复她（他）应得的赞美。太多人不知道自己是一只天鹅，四种、八种、十二种风格类型根本就不够一个真正的形象设计师运用，因为每个人都有自己的风格。事先限定风格类型的做法，最容易导致形象设计上的克隆现象，让许多“同一类”的人看起来都一个样。

所以，当你来到我的面前时，属于你的设计语言才诞生，属于你的形象名称才诞生。一花一世界，一人一风格。

我为你设计出来的气质定位是你原本就可以有的新风格，它融合了你天生的、后天的一切美好特质，但是出于种种你自身的原因被拦阻了、埋没了、丢失了，或被夸张了、扭曲了……

每个人的专属风格是由她（他）的外在条件、内在性情、表达能力来决定的，这其中的每一项都十分细腻。专属风格加上她（他）当下的生活场景需要、未来的梦想表达，以及过往经历的痕迹阐述……这一切才是组成她（他）气质定位的要素。当然，还要加上被设计者对设计师的选择，因为即使是同样的操作方法，不同的设计师会有不同的设计结果，每个设计师对被设计者的综合、理解、调整能力是不一样的。

风格就像各种各样的香味，不同的香味都只能让你产生一种嗅觉体会，但是当你把不同的香味组合起来之后，它才会更加迷人，成为香水。风格就是如此，设计师应该根据你具有的各种风格来设计出你的气质。人对于自己的了解都是单一的，人也很容易被暗示，被他人对自己的印象、评价约束，而忽略了旁人的声音是否专业，是否是健康的、祝福的。我在设计形象的过程中，发现很多人都被自己或者他人所下的定义辖制住了，直到她（他）的新形象呈现出来之后，她（他）才恍然大悟，仿佛如梦初醒般地发现自己原来可以这么美好、丰富。

我每个月都会带不同的被设计者去香港好几次，但是却从来没有选购过相同的东西，因为我从来没有做过一个相同的气质定位。当我为一个新的被设计者打造形象的时候，新的气质定位会自然来更新我的创造力，让我用新的方法去塑造。每个人对我来说都是一种突破，又都是一种积累，这令我的激情始终饱满，因为我讨厌做重复的事情。重复是一个热爱设计的人最厌倦的，也是最痛苦的事，如果你在重复，那么意味着你没有在设计、创造。所以，每一个被设计者都拥有不一样的精彩和美丽。尤其当他们站在一起时，他们各自的美都那么耳目一新地呈现出来，真正地各有千秋。

玛亚讲的故事

我曾经为一个年轻的母亲做形象设计。记得在做气质定位时我很徘徊，心情沉重，因为当时这个年轻的妈妈甚至有轻微的产后忧郁症现象。我明白，她来做形象设计，不仅仅是因为完全失去了形象上的把握能力，还因为她失去了对生活的信心。我几乎是以一种冒险的精神为她做了气质定位：性感妈咪女超人。

这位年轻的母亲当时29岁，她的丈夫是一位台湾籍的IT精英，事业正处在发展得最好的时期，她在婚后半年就怀孕了，可以说还未经历完磨合期就有了一个女儿，夫妻两人决定在孩子三岁之前让妻子当全职太太。可是当孩子将近一岁时，年轻的妈妈发现自己的精神常常处于崩溃的边缘，她感觉十分不快乐，猜疑、沮丧、暴躁……她甚至后悔自己过早生孩子、答应留在家里。她曾经是丈夫的同行，一个优秀的白领，我从她从前的衣橱里能看到她曾经的职场风采……当我告诉她新的气质定位之后，她立即反对。她不喜欢那个定位，认为那个定位会让丈夫更加认为她在全面“退步”，使她更加没有竞争力。我对她说：“亲爱的，你以前所有的衣服都穿不下了，你必须接受这个事实，你必须接受你已经是一个母亲，你要做一个好母亲、好妻子，这就是你现在的身份，你承诺过，我想帮助你，让你明白你许下的那个承诺没有错。性感代表你多么享受目前的生活，现在你就是一个女人，完全的、幸福的女人。”提到承诺，她安静了下来。那一刻，让我铭记感同身受是多么重要，带着爱去设计是多么重要，设计师要做的不是买衣服，而是帮助对方建立新的生活啊！

我详细地描述了她将要呈现的性感的含义和表达方式，也告诉她我这样设计的原因……可以说这是综合了她当时的体形、心态、生活场景、竞争需求最好的定位。我感觉自己就像在跟那些让她不开心的负面因素作斗争一样，充满了激情和斗志，我要让她赢！我要让她重新开心……

准确的气质定位会使被设计者回归到适合自己的形态、心态、姿态，一个专属于自己的风格是健康的、完整的、容易驾驭的，因为它发源于自己的生命，并在自己的生活中长成！

我要求她剪短头发，她坚决不同意，因为当初就是因为她的长发吸引了丈夫的注意。我对她说：“头发还会长长，但现在还不是让它长的时候。现在你要用短发来提醒他你曾经是多么干练、利落、聪明、优秀。现在你的长发只会让他想到你的居家气质，而且你每天都是扎个马尾辫，根本不能体现长发的美。想想你们争吵的时候，他说不定在心里说‘头发长见识短’……”上帝原谅我吧，我真不想那么说，那是多么纠结的解释啊。但那句话是有效的，她答应了。我为她设计了一个类似波波头的短发，与她理智的眼神搭配之后使她的脸上多了一份慧黠的可爱，还仿佛小了几岁。她对着镜子沉默着，她不说话就代表她是满意的。我在为她做设计的时候也明白了为何西方的形象设计师大多不是年轻人，因为做形象设计需要生活的阅历、需要生活的见识和智慧。

在为她导购时，我为她买了不少帝国腰线的连身裙，各种质地、颜色的夹克和卡丁衫，而且都比她当时的身材小一码，所有的夹克都只能敞开来穿，扣不上扣，那正是我需要的效果。我让她在里面穿上各种各样的抹胸或者吊带背心，露出她洁白的前胸，抹胸和背心都选择长款，以遮掩她还未恢复的腹部。当时正是秋季，我让她穿软皮的尖头长靴，因为那是适合她瘦长脚型和当时身份的靴型，而长靴很轻易地掩盖了她比以前胖些的小腿，长靴搭配的铅笔裤让她方便抱孩子……

新的婴儿背带、婴儿包、拎包，甚至还买了新的奶瓶、奶嘴、小毛巾，所有的色调、风格都要配合她的新形象，让她像一个尽责、聪慧、有序、有能力的时尚妈妈。短发使她的形象发生了奇妙的变化，她的动作好像利落了许多，轻快了许多。她说丈夫看见她剪了短发只是保持沉默，没有异议。像许多来做形象设计的女士一样，她对自己做形象设计这件事是对丈夫保密的。我理解她们的心态，她们想在丈夫面前证明自己有智慧和能力改变自己。这不是谎言，因为决定来找形象设计师，这本身就是一个人智慧的决定。

结果怎么样？我希望你展开一下想象：黑色短发的年轻母亲，穿着黑色的长靴，黑色夹克，里面是丝绸的吊带，这身装束竟然在她用婴儿背带将孩子固定在胸前之后更加迷人，集性感、帅气和神秘于一身……她非常兴奋地打电话给我，她这样穿着跟丈夫出去吃饭，丈夫的朋友说她怎么比没生孩子时还年轻漂亮，那天孩子也出奇地乖……我在电话里轻声对她说：“亲爱的，今年生日别忘记向你先生要一个Birkin包，那个包是装奶瓶尿布最好看的包……”我当时的感觉是欣慰到虚脱，就像巨大的消耗之后的虚脱。

现在这个性感的妈咪已经跟着前途大好的丈夫定居台湾了，后来没有再回到职场。她告诉我，形象的转变也改变了她的价值观，让她懂得了享受生活。我很感谢她，她使我很深刻地体会到一个形象设计师应该带给人的祝福是什么。感谢上帝，给了我这么多的恩赐，使我在面对每一个被设计者时，总是有充沛的激情、爱、力量和灵感，这一切，让我不止一次地在最累的时候对自己说：这就是你该做的。

准确的气质定位会使被设计者回归到适合自己的形态、心态、姿态，一个专属于自己的风格是健康的、完整的、容易驾驭的，因为它发源于自己的生命，并在自己的生活中长成！在与自己相吻合的风格里是安全的、自在的，也将是独一无二的。要如何找到自己的独特性，我们首先需要做的是——接受自己的模样，并且学会欣赏它。

玛／亚／的／话

1. 人们常常会为自己设想一种不属于自己或者不适合自己的气质，然后像一件衣服似的穿在身上，这就是我们常说的模仿带来的做作。
2. 做一个有气质的人需要——真实、有美感、表里如一、在家在外如一。气质绝非面具，是从里到外散发出来的韵致。
3. 不要尝试完美，要努力完整。
4. 有气质的人明白在什么时候保持恰当的不语。
5. 气质不是一蹴而就的，有气质的人能够自省，对自己有要求才有进步，一生都不放松。

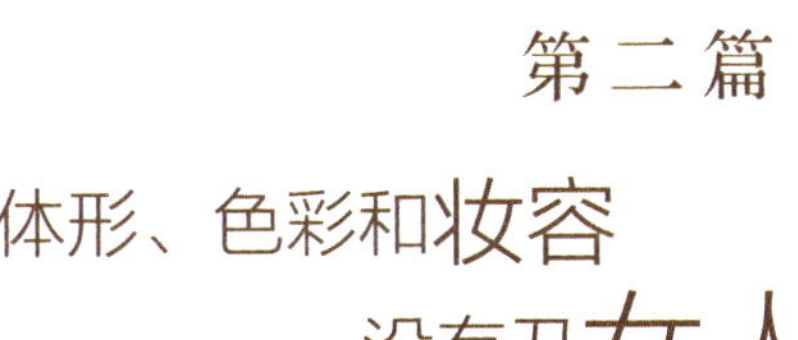

第二篇

体形、色彩和妆容——没有丑女人

{一}

无论你是珍、纤、婷、端、盈，都应学会欣赏自己

无论你是怎样的，那一份只属于你的美是你与生俱来的……无论你在哪里、现状如何，有一个人是绝对愿意也可以为你鼓掌的，那就是你自己！你一定要做第一个支持自己的人！

不少人问过我觉得谁长得美？我每次都是摇摆不定，或者随便说几个影星的名字。其实，我心里总是会在那时浮现出一个女人的背影，然后，她会在我的记忆里转过身来，让我再次回味她的魅力……

> 无论你在哪里、现状如何，有一个人是绝对愿意也可以为你鼓掌的，那就是你自己！

那是在莎士比亚故乡，我在当地的问讯处见到的一个女人。她已经不年轻了，大约五十岁。她没有任何刻意往年轻里打扮的痕迹，一条经典款的中长六片摆裙，淡淡的灰褐色；上面是一件鲑肉红的开司米套头高领衫，也是淡淡的，戴着一条长长的玫瑰金项链；头发是亚麻色，随意地挽在脑后，露出肤色干净均匀的脸，灰绿色的眼睛旁有几条明显的鱼尾纹，腮上扫了一抹淡淡的胭脂；涂了唇彩，也是淡淡的，却十分滋润，以至于在下午时分都让她显得很精神……我的目光最后落在她的棕色马靴上，马靴利落地带着她在问讯处里走来走去，复印、接听电话、找赎零钱……她的声音很柔和，一如她周身的色彩显得那么文雅——无可挑剔的和谐之美。我被她的韵致所吸引，按照中国女人的视角来看，她绝对是胖的，由侧面观察她的体形，小腹也的确是微凸的，但是很奇怪，却丝毫没有破坏她的和谐韵致……这个印象对我是一个启迪。我站在问讯处里，看着这样一个女人，问自己："她从哪里来？是本地人吗？她的丈夫一定很爱她……她在哪里为自己选购衣服？她为何这样从容有致？她的家会是什么样子？整洁素雅还是古典舒适？她是否在这里遇见过爱慕自己的男士呢……"什么叫魅力？魅力就是让人因你而浮想联翩，魅力更是生活和经历在你身上的总和。你使人引发想象空间的大小就是你的魅力大小。你必须亲眼见过这样一个女人，才会明白我为何将她收藏在我记忆的美人库里。

什么叫魅力？魅力就是让人因你而浮想联翩，魅力更是生活和经历在你身上的总和。你使人引发想象空间的大小就是你的魅力大小。

几年之后，当我开始创作自己的服装品牌 maia's 时，我毫不犹豫地决定将服装的尺码定为"纤""婷""端""盈"四个尺寸，我不想用小、中、大来描述要穿我设计的衣服的女人们，因为，我知道每种休态的女人都可以拥有自己的美态，只要她懂得散发出属于自己的和谐之美……

我的工作很奇妙，设计服装品牌需要灵感和艺术，而形象设计则会把不同的女性带到我面前，可以说，我整天都在处理"珍""纤""婷""端""盈"的问题，因为女人在意的首先是：我现在太胖了、我的小腿太肥了、我的胸太平、我的腰粗、脖子太短……

莎士比亚故乡的女士和我心中的美人们早就足以令我气定神闲地在这些女人中穿行，不必声嘶力竭地解释或者为她们呐喊打气，只需要从容地告诉她们："来，亲爱的，穿上这个，你的感觉会有不同……"

1. "珍"码女人

你们知道拍照合影时，我最怕和哪一类淑女站在一起吗？对了，珍码女人！每当我和她们站在一起，心里就发毛，因为我知道，等一下我会看到一个巨人般的自己……因为，珍码的女性具有更多的天生娇柔特质，她们就像珍稀之物，正如掌上明珠一样，让我感到要细心呵护，不要碰碎了才行。这无疑是她们独特的优势，但愿她们真的知道这份宝贵。

珍码，指的不是比纤码更为瘦削之意；珍码，是特别指那些长得比一般女性更为娇小、身高在 1.5 米左右、不超过 1.55 米的女性。她们就像童话里的拇指姑娘一样可爱、不凡。

显然，多数珍码女性和其他码数的女性一样，都不满意自己天生的尺寸，因为她们觉得自己显得太……渺小了。

每当我遇到珍码的女性感叹自己的身高不足、身形毫不起眼的时候，我总是在心里喟叹她们有眼不识金镶玉。有一次，一个高学历的年轻海归认真地问我：到底要怎样穿着才能让自己显得有分量？因为她所做的研究工作都是成熟男性居多，他们总是觉得她像个女孩子。我迟疑地说："是吗……"接着，在整个饭局里，我仔细地听她说话，观察她的举止，但是直到分开，我没有告诉她任何关于她要如何穿着才有分量的方法。不是我吝啬，而是我发现她的问题不在穿着，而在于她对自己的认知和珍码女性既不要觉得自己天生就应该比其他人得到更多的关照和呵护，也不要因为自己特别娇小而刻意展示内心的强大。

接纳，还有她活在他人眼光里的习惯，改变穿着对于她关系不大。

首先，她说话的时候很刻意地细声细气，好像她的声音也必须只有1.5米才行；其次，她的妆容特别甜美，用的是糖果色系，看得出是精心为之；最后，她的天真有点像胭脂，是一层表面的假象，其实她比她表现出来的要聪明得多……她的总体表现，很自然地把人引导到“小女孩”印象。这里面可能有两个原因：其一，就是她被暗示得太久，以至于她无形中按照人们看待她的外表之后的判断来迎合他人对她的评判；其二，就是她很希望被人看做小女孩，所以压抑自己的真实。然而，随着年龄的增长，她也感到了困惑和迷茫，因为永远做小女孩是没有前途的，她想要“变得”有分量……于是她问我怎样穿才能有分量，实际上，她渴望找回真我，并且想要活得自在！

珍码的女性，要在心理上超越自己的身高比一般女性更娇小的特点，当我们过于看重自己身体上的特别之处，我们的心态就会在其他方面失衡。珍码女性既不要觉得自己天生就应该比其他人得到更多的关照和呵护，也不要因为自己特别娇小而刻意展示内心的强大。我曾见过另一类珍码的女性，强大得像个假小子。说话间，若是讲到重点之处会踮起脚、伸出食指来加重语气，而踮脚的刹那似乎是在弥补内心对自己身高的不满……喜欢耸起肩膀来讲话，也是这一类珍码女性的特点，这都是下意识地在做一个拔高自己的动作。

接纳自己，是所有想要优雅的女性实现优雅的第一前提！没有对自己的接纳，就不会有舒展的肢体，自信的心境。

在 maia’s lady 中，我认识一位十分美好的珍码淑女。她很娇小，目测身高不到 1.5 米。在我们还没有出品珍码服饰之前，她总是认真地从纤码里选择自己可穿着的，自己再去把裙子改短一些……她首先是安静的，从来没有小女孩的一惊一乍，有时我们在 maia’s 花园里遇见了，她和我就相视一笑。姑娘们都很喜欢她，她来的时候虽然时间不短，但绝不会让人感到麻烦，选好衣服，安静地离开，她的形象却越来越使人关注到她。我后来才知道她竟然管理着一个很大的公司，而且做得很成功。然而，在她身上却看不见她那样的身高会体现的弱小，也看不见她那样的身份容易出现的强势……我为珍码取名时，心里总是想着她，或者说，她是我想要增加一个码数的灵感……因为她是这么稳妥和平静，一点也不会让人首先联想到她的娇小，而是想到她内在的力量和让人感受到的舒服与能力。我想，这大概就是那位年轻的海归想要的存在感。

令人印象深刻的珍码女人

珍码女性在现代名人中并不多，给我印象较深的是几年前看的一部影片《朱诺》女主角的扮演者艾伦 · 佩姬，她在里面扮演一个未婚先孕的现代少女，由于她强大的气场和帅酷的性情，使让人揪心的剧情变得充满了幽默和回暖……当时，我边看边想，此女前途无量。结果，她果真凭借《朱诺》获得那一年的奥斯卡最佳女主角提名。很显然，艾伦 · 佩姬本色的强大，给予了犯错女孩淡定的喜感和别具一格的观赏性。后来，艾伦 · 佩姬再次出现在我的视野里时，帅酷成分越来越强，与她的身高越来越形成反差，慢慢地成为一种高智商、高能量的形象符号，好像在暗示观众，不要小看这个拇指姑娘，她在这里，因为她不简单……这种定位，其实是很僵化地局限了她。并不是娇小的身躯里必然藏有核武器般可怕的能量，而是娇小的身躯同样不缺乏伟大的思想、超越自我的宽广情怀！其实，艾伦·佩姬的形象宜古宜今，戏路可以更宽阔，在我看来，她的身形也有很高的古典美可塑性。遗憾的是，现代的审美和思路都使她进入了前面所提及的“踮起脚来说话”的极端，以至于她如今的生命轨迹都开始偏离……

我所“认识”的最令我震撼的珍码女性，我想当属夏洛蒂·勃朗特——《简爱》的作者，我之所以为“认识”二字打上引号，是因为我只是从她的著作、她的故居、她的遗物中认识了她。我并未见过她的真实面貌，但是她留下的这一切，已足以让我判定她是珍码女性，而且是一位卓越的珍码女性！

1

2

1.2. 艾伦·佩姬

夏洛蒂·勃朗特是我少女时候的偶像人物，是我14岁时想要成为的人。我曾经在英国北部约克郡的豪渥斯她的故居旁住过，在她的故居内流连良久，在她父亲任职牧师的教堂里静坐，在她散步的荒原上流泪到天黑……我甚至站在她的衣服前临摹她裙子上的佩兹利图案，我深深地记得在那条裙子的下面摆着一双梦幻般的绣花鞋。她的脚又窄又纤小，我在那以前或以后，都没见过那么瘦削、窄小的脚，从那双鞋，完全可以想象得出她是何等娇柔小巧……她的裙子摆在玻璃展示柜里，娇小得就像一件精致非凡的艺术品。虽然并非昂贵的面料制成，却像仙子落在凡间的衣裳，不染一丝尘埃。我在夏洛蒂·勃朗特生前散步的荒原上哭泣的感动，正是来自她娇弱的身躯、荒芜的土地与她小说中惊人的精神力量的彼此冲击……我在哭泣中向天地间高洁的灵魂致敬，我在哭泣中立下更深的志愿、更高远的向往……这些，恰巧来自一位珍码女性的生命。

玛／亚／的／话

1. 从晚礼服、小礼服到正式的套装，一切隆重的服饰，珍码的女性都可以尽情享用。这些服饰在珍码女性的身上有着特别的精致感。

2. 连身裙、衬衫裙、简洁的一件式套头裙，都是拉长珍码女性身高的视觉宝贝。

3. 古董表、珍珠等古典气质的首饰可以使珍码女性有华美的宫廷气质；现代优雅饰品，则能增加珍码女性的知性美。

4. 穿着随便会特别不适合珍码女性，也请不要女扮男装，毕竟，男人要高大点好。

5. 妆容要精致得不留痕迹，艳丽绝不适合珍码女性。

6. 淡定而又温暖体贴，很适合珍码女性的身高，智慧而又灵秀最能体现珍码女性的身心合一之美。
7. 持续追求心灵的高度，随着年龄的增加，你会发现自己越长越高了！

2. “纤”码女人

我用“纤”来代替 S 号或者 XS 号，一两厘米的差别不重要，它表达一种观感，因为“纤”这个字有股脱俗之气，没有“瘦”看起来那么贫瘠。做形象设计时，我努力去除瘦削者身上容易带出来的过度消耗、费尽心思、操劳、紧张、僵硬、尖刻、凌厉、节省等观感，我想塑造出轻盈、敏捷、动感、青春、洒脱、精美、摩登、现代、成长、俏皮的精灵之美。

我的母亲一生都是纤瘦的，她最要好的闺蜜是一位非常胖的女士，我曾经在《爱丽丝的墨水》里描写过她。不知有多少人羡慕我的母亲，永远苗条，永远白皙。可是我的母亲很真心地不以为然：“瘦有什么好，这么白实在不太健康……我怀孕时，一直祈祷要让你像爸爸。”这么多年过去，我对于妈妈以及妈妈闺蜜的体形记忆一直都是完美的，我从一开始就没有对她们俩的形象有过褒贬。还是要感谢母亲，在她眼里，人人都有美好之处，对她从前的奶娘，她也是赞美有加：“宋妈妈是很精致的女人，特别会梳头，她的发髻梳得特别好。”我从母亲那里学到了不只是用眼睛看待人，这对我是一个终身受益的习惯，让我很早就懂得设计形象是个深刻的专业。

法国女作家萨冈可以代表“纤”这个尺码，她的瘦是彻头彻尾的，

1

1. 萨冈
2. 出演萨冈的演员

2

人如果缺乏对自己生命的感恩，就一定会把自己的样子弄糟。

瘦得均匀、清新。她的下巴虽然尖俏，但脸部轮廓却很柔和。萨冈的瘦显得那么有活力、动态、充沛，好像分分钟都能从照片里一跃而出……想要知道与她相反的瘦吗？看看《萨冈》这部电影便知。出演萨冈的演员体形上很像她，但感觉却是病态、干、穷、没有吸引力、脸歪了、不讨人喜欢……你也许会说，你不是说人人都有美好之处吗？对！她有她

1. 青春光鲜的维多利亚
2. 过于瘦削的维多利亚

1

2

的美，但是不该用来表达萨冈，如果我认识她，我完全可以改变她在电影里的状态，她不该做萨冈，萨冈的发型、动作、语气都不适合她。即使都是纤，每个人的纤之美都不应一样。真实的萨冈可以用一条七分裤、一件衬衣、一双平底鞋带出狂野的文艺之气，但是演员萨冈即使戴着珍珠项链穿豹纹皮草都显得潦倒。我很诧异导演会选择一个形似而神远的人来演萨冈。萨冈，要紧的就是那股气，那股“纤”气是富裕的，但是演员身上没有。

每个人都只能做自己。你那么想要瘦吗？你的气质不见得适合瘦。我们再来看看维多利亚，贝克汉姆的太太。我一直怀念她在辣妹组合时的模样，显得那么青春、鲜美、好运气、有天赋！那时的她跟胖完全扯不上关系，所以我一点儿都不明白，她为何要减肥，直到变成现在的样子——厉害、刻意、紧张、防备、不满足，一股没吃饱的怨气总是在她做作的招牌表情里浮现出来。难道她的身边没有一个人能够诚实地告诉她，她的现状有多么危险吗？可悲的是，网络和媒体总是把她当成时尚先锋，使得她越走越远。她光润的美腿和胳膊原本可以与她有力的眼神完美搭配，如今都已荡然无存，剩下的只是处处嶙峋的骨骼、凹陷的脸颊，使她的眼神缺乏柔情，显得不幸福、不滋润。随之而来的，她无数

1

2

1. 杰奎琳
2. 简・伯金

的爱马仕拎包就成了心情糟糕的发泄物——只有需要发泄的女人才会买那么多包。

完全接受自己的人，会从内心生出一种自信和感恩之情，这些会让她们散发出特殊的魅力。

人如果缺乏对自己生命的感恩，就一定会把自己的样子弄糟。一个著名的美男丈夫、一群孩子、年轻富有……多么值得感恩啊！我不知道维多利亚看不看自己从前的照片，我也不明白她为何不能爱自己，感谢自己的模样那么好。如果这种感恩能成为她婚后的一个起点，我相信她的面貌会完全不一样，她会是一个性感、活力、快乐、新潮的贝克汉姆太太，我相信全世界爱贝克汉姆的人都会爱她，因为我不止一次听到贝克汉姆的球迷替他感到遗憾。维多利亚的形象让人们忘记了她的才华、魅力和付出，只留下了疯狂、消费以及盲目的肤浅形象。人为地过分消瘦，代表对自己的否定，如果你都否定自己，别人为什么不可以否定你？

杰奎琳 · 肯尼迪和简 · 伯金都是天生瘦削的典型人物，她们也是时尚史上的经典人物，她们的美丽首先在于完全接受自己。完全接受自己的人，会从内心生出一种自信和感恩之情，这些会让她们散发出特殊的魅力。《风中的杰奎琳》是一幅摄影名作，我深深地被照片中的杰奎琳吸引。吸引我的是她在不经意的回首中那份信心，她挺拔的身姿和摆动的胳膊出奇地美丽，尽管胸部小得像个刚发育的孩子，却充满了独特的性感，这性感源于对生命的接受和欣赏……倘若还存留一丝自己造的厌憎和不满，就无法拥有这份美丽。

杰奎琳·肯尼迪以终生优雅树立了后天贵族的典范，相比之下，简·伯金这位贵族后代却与之相反地塑造了不羁的艺术家形象。这非常有趣，她们的身材十分相似，却活出了完全不一样的风采。做自己，并且将自我完全活出来的女人真的少之又少。女人，尽管都爱美，但少有人能够为自己的生命感恩，这个起点的缺乏，会使她们一生对美的追求都有偏离。

令人印象深刻的“纤”

香奈儿的“纤”：精明老辣的、有能量的、不好惹的巴黎女人形象，想起她就想起无领套装加珍珠。

戴安娜·乌里兰的“纤”：高级嬉皮的、知性的、大牌的、独身主义的形象，奇装异服、妙语连珠的典型人物。

苏珊·桑塔格的“纤”：学院的、有内涵的、文化韵味浓厚的形象，最适合穿高领套头衫。

奥黛丽·赫本的“纤”：优雅清洁、自然脱俗、表里如一的经典形象，浓妆淡抹总相宜的典型。

格温妮丝·帕特洛的“纤”：典雅的、飘逸的、大都会上流社会的形象，在高尚优雅造型中能大放光彩的女人，绝对不适合膝盖以上的短裙和

1

2

3

4

5

6

7

1. 奥黛丽·赫本
2. 香奈儿
3. 戴安娜·乌里兰
4. 苏珊·桑塔格
5. 格温妮丝
6. 安吉丽娜
7. 凯特·莫斯

街拍造型。

安吉丽娜的“纤”：收放自如的、咄咄逼人的性感，难以驾驭的情人形象，口红、晚装、手枪、坦克背心、孩子……的结合体。

凯特·莫斯的“纤”：亦正亦邪、前卫、精于穿着的时尚T台形象，锥形铅笔裤、夹克加船型黑高跟鞋的组合高手。

玛/亚/的/话

1. “纤”码美人最大的心理遗憾是担心不够性感，所以保持肌肤的滋润光洁非常重要，能使肌肤看起来有光泽的滋润护肤品很重要，肌肤千万不要给人以干枯的感觉。
2. “纤”码美人在气质上一定不可以显得愁苦，否则会给人生命不滋润不顺利、很枯竭的观感，这种观感肯定会带来不性感的印象。
3. 穿非紧身的透明感外衣（比如欧根纱质地），加紧身效果的内搭可以营造出迷人性感的效果，同时还很有女人味。
4. 保持秀发的丰盈感。眼神要有力、有热情。这样的“纤”码美人是很性感的。
5. 别那么精明，“纤”码美人的精明会带来毁灭性的效果。
6. 没有重量，但有气场——这是做“纤”码美人的诀窍！

3.“婷”码女人

说到“婷”码，很自然就会联想到亭亭玉立，你可以把它视为表面意义的M号。“婷”似乎是“刚刚好”的代名词，但是很多女人却对于自己的“婷”不甚满足，觉得流于平凡。“婷”总是我们衣架上最快没有的，我自己也在这个穿着行列。“婷”码的女人既适合端丽的造型，也适合寻求风格突破之路，因为加法和减法在一个刚刚好的基数上发挥时障碍较小。

不过，有时候障碍却恰恰是造型上的一个优势。比如我的腰围，其实只能属于“纤”，在造型上我特别适合X形轮廓，因为容易凸显我的优势。我周围的女士们总是问我哪里来的那么多腰带，其实我没有刻意去寻找，只是习惯了留心腰带，因为这是值得我投资的地方。有时我的腰带会比裙子还昂贵，但是我知道那是值得的。我曾经在为客户整理衣橱时，发现她也购买了一条跟我一模一样的腰带，是某个法国品牌，中间有个端庄的蝴蝶结。客户坦陈，她见我戴了好看也去买了来，结果发现自己戴着很怪，有些滑稽，只能将蝴蝶结放到后面，不能像原有设计那样摆在前面。我说：“那就放在后面吧，这样不是更加别致么！香奈儿就曾经将珍珠项链的搭扣当成吊坠放在前面……”这个细节让我铭记并且再次提醒所有人：不要贪慕别人的美丽。守住对自己生命的感恩，会让你挖掘出专属于自己的独特表现力。

我一直都在女性居多的行业里工作，这尤其需要坚定及平和的心态。因为你会看到很多女人的美丽，而很多女人也常常在模仿你。你越是懂得欣赏其他女人，你的自我就越健全。当你拥有了一个完全被接受的自

1

2

3

1. 索菲亚·科波拉
2. 蕾妮·齐薇格
3. 莎拉·杰西卡·帕克
4. 戴安·连恩

4

1

2

3

1. 莎朗·斯通
2. 黛米·摩尔
3. 玛丽莲·梦露

我，也就拥有了一个真正独立的风格。你会听到周围的人说：“啊哈，你的招牌穿着……”我经常含蓄地提醒那些暗中模仿我的女性，因为模仿会使她们失去最珍贵的风格——自己。

令人印象深刻的“婷”

索菲亚·科波拉的“婷”：知性、有才情、格调雅致、家世良好的名门闺秀形象，最擅长选择小黑裙的女人。

蕾妮·齐薇格的“婷”：复古、品位稳定的、有趣的甜蜜女性形象，最擅长穿连身裙的女人。

莎拉·杰西卡·帕克的“婷”：都市动物、party 女王、摩登与潮流的风向标、快乐百变女郎形象，不打扮时髦不出门的女人。

莎朗·斯通的“婷”：独立、诱惑力时有时无、大女人形象，适合短发，越利落越好看的典型。

黛米·摩尔的“婷”：执著于女人味、会用眼神说话、适合长发的恋爱中女人形象，最擅长表达胸部魅力的装扮。

戴安·连恩的“婷”：无论在戏里戏外都越活越有韵味的漂亮女人，很少中年女人还保有她那份纯真气质，为她赢来可繁可简的不俗因素。将白色、尤其是白色连身长裙穿得最为动人的女人。

玛丽莲·梦露的“婷”：在人格上，玛丽莲·梦露一直未能成长成熟，对自己身材过于热爱，自恋跟不感恩是一样的，都是对自我的夸大。所以梦露最热衷的就是裸露，她的传记中描写她用裸体寻找安全感，因为她内心只剩下对身体的信心，别无他物。用身体寻找自信的女人，特别喜欢暴露丰满的胸部，因为内心很虚弱。

玛／亚／的／话

1. 不要甘于平淡，不要选择平淡，它们都是圈套和辖制。活出自己最精彩的那一点！
2. 牢记自己的优势，从容不迫地凸显它，每次都要把握好分寸。
3. 学会用眼神来鼓励人，欣赏人，人人都会记住你的温暖，都会记得你是个在各方面都恰当的人，你的码数优势就得到最大发挥了。

4.“端”码女人

“端”，我是如此喜欢读这个字，它的发音是如此贴合我想要表达的意境——端！简洁有力、不容置疑——端！当我读出这个字时，我感到一股正气、还有一种肃然起敬的情绪油然而生。你知道，“大”这个字后面将会有许多正面的、积极的、向上的、有力的概念出现，所以“端”作为L号的观感，我认为非它莫属。它似乎从含义上就已经超出了平凡、超越了平庸。我喜欢在气质、气度上是“端”的女人，这样的女人如果可以与身体的“端”相结合，体现出来的形象是非同寻常的。

“端”码的女人，最怕的就是穿到L号了还在心态上缩手缩脚，气度上跟不上“端”的分量。“端”码的女人一定要大气，淡定，高雅。不要一惊一乍，不要大呼小叫，不要模仿小鸟依人，也要绝对避免颐指气使，否则你的“端”会极易转变为强霸。

“端”码的女人，最怕的就是穿到L号了还在心态上缩手缩脚，气度上跟不上“端”的分量。

“端”是否很难体现女人味？NO！“端”码女人的女人味反而会很明星化，和谐的“端”会因为落落大方的缘故，使得女人味偏向国际化，充满西方情调。我们看看西方影片，里面几乎都是“端”码的性感女人。中国女性要克服长久以来以小、弱为美的观念，接受自己的成长，接受自己的大。如果你在精神上是“纤”，那么你体形上的“端”就会显得庞大过重。如果你在精神上已经达到了“端”，那么你会发现你有游刃有余的气质，因为内外和谐统一，不仅使得人人视你为美，还会得到一种尊重，因为内外合一的“端”容易成为领袖形象。

我认识一位女士，人非常好，就是不接受自己的模样，一米七的身高，“端”码的体形，整天都在嫌自己胖。其实她不是胖，她再瘦也改变不了她的“端”，因为她的骨骼和年龄决定了她拥有“端”的美，但是她不能为此感恩，她就是要羡慕苗条的“纤”。我在心里一直为她祈祷，一直为她画像。我知道她只要转换心态，接受并欣赏自己，她会有一番非凡的气韵出现，那会是一般女人难以拥有的……太多中年女性还停留在对少女“纤”的爱好中，最终把自己弄得似是而非，一无是处。

一个不能发现他人美丽的人，无法发现自己的美，一个嫉妒他人美丽的人，无法成就自己的美。

爱你自己吧，不要让自己的一生都活在对他人美貌的向往里，要知道人人都有一份该被喝彩的美。在我接触的人群里，只有一种人无法活出她的美，就是充满了对他人的嫉妒和对自己的恶毒不肯悔改的人。

我很早就接受了自己不是一个漂亮女人的事实，但是同时我又坚信自己的非凡，这种坚信本身就是一种恩赐。大学快毕业时，班上有个一直对我很殷勤的男生告诉我：“我们都说你不是最漂亮的，但你是最有魅力的……”还有一个娇小玲珑的女生告诉我：“你并不漂亮，但是只要你站起来，走动，有动作的时候，你就很漂亮，我不知道该怎么形容你……”我知道，我内心的坚信帮助我活出了自己的那份美。那个男生一直到现在都会对我说：“我觉得你美……”

我要感谢我的母亲，在人人都不觉得我漂亮的时候，我美丽的母亲总是赞美我：“看我们女儿的肩膀多好看……女儿躺在那里，腿好长呀……女儿的胳膊真优美……女儿的指甲长得比妈妈的好看……我们女儿好香啊……妈妈真会生女儿，好像知道现在会流行厚嘴唇，我们女儿就有……”她不知道我的厚嘴唇曾经在小学时被同学嘲笑过，她也好像看不到我的手比一般女孩子都要大，她只看到美丽，因为她心里只有赞美和温柔。我感谢我的母亲，她给了我这份事业需要的最初的启蒙和鼓励。我从小就习惯用母亲待我的方式去对待其他女人，嫉妒这个恶者离我一直比较远，它没能腐蚀我爱美的心。一个不能发现他人美丽的人，无法发现自己的美，一个嫉妒他人美丽的人，无法成就自己的美。

令人印象深刻的“端”

凯特·布兰切特的“端”：女神气质、女王风范，甜美的东西和邻家女孩的装扮对她都会是种破坏，她在码数上是“端”，但是气度上远远超出这个尺码，她是气质上的 XXXL，是传奇女人的形象，一切有气势、高段位时装的驾驭者。

莫妮卡·贝鲁奇的“端”：穿什么都不如她在《西西里岛美丽的传说》中的造型美丽。她算一个不会穿衣服的女人，她的魅力在于她的神情和嘴唇带来的冷艳形象，但是，你不会记得她的穿着风格。

索菲亚·罗兰的“端”：她的骨骼、眼鼻嘴、上下围度，给人的观感都是“端”。她的人生也是如此，她将这个“端”保持得实在太好了。

伊丽莎白·泰勒的“端”：其实很难断定伊丽莎白·泰勒的码数，因为她的体形跟她的命运一样起起伏伏……在身高上她是“纤”，在体态上她几乎将所有尺码都尝试过了，这种传奇使她的分量定格在“端”，一种由红蓝绿宝钻镶嵌的“端”，因为她没有留下精彩的穿着品位，我只记得她热爱并且拥有不少珠宝。珠宝倒是的确很适合“端”女士。

麦当娜的“端”：她对体形就像对自己命运一样充满掌控力，从尺

1

2

3

4

5

6

1. 凯特·布兰切特
2. 莫妮卡·贝鲁奇
3. 索菲亚·罗兰
4. 伊丽莎白·泰勒
5. 麦当娜
6. 戴安·基顿

寸上其实她可以列入“婷”，但是无论如何，她过人的力量感、意志力都无法使她仅仅只是“婷”，在气势上，她是绝对的“端”。在穿着风格的驾驭上，台上台下她都不向平凡妥协，传奇，就是她的选择品位。

戴安·基顿的“端”：奇异的大女人，对自己令人惊讶的美似乎浑然不知，反而带出来一份无法模仿的洒脱大气。

玛／亚／的／话

1. 别把精力放在减肥二字上。刻意的追求会暴露你的缺乏。
2. 落落大方、大气有为是最适合你的风度。别在小事上计较，否则你的码数会反衬出你的小气。
3. 别使用花呢、灯芯绒、羽绒、棒针等厚重质地的面料和织法，会放大你的体形。
4. 保持最初的天真，纯真的心性能让女人有缩小的感觉，但必须是真的纯真，否则就会令人反胃。对人对事，重新学会相信，是恢复纯真的第一步，这一步值得迈出去！

5. “盈”码女人

写下“盈”，我不禁微笑了。我想起了不少感人的“盈”女士。想要对“盈”的字意有所启悟，你可以先想象一下中国唐朝的仕女图，那些优渥、闲适、富足的模样……

“盈”，是人们眼里的“很胖”，在其他品牌里，是XL，在我心里，是丰盛。

我清楚地知道，“盈”其实是绝大多数人无法接受、更不能热爱的一种体态、状态，但是，由于遗传、由于年龄、由于疾病、由于岁月的累积，这种状态还是出现了。当“盈”就是你，你无法拒绝，我盼望你知道，你仍旧可以是美的、是吸引人的。还有一种现象就是，当体形不再苗条之后，女人的肢体语言和气质都随之发生了变化，呈现出一种自暴自弃的状态，语言粗俗，举止粗鲁，这非常可悲。

> 我清楚，那并非一般人认为的自信，因为自信的焦点还是在自己身上，但是信心是一种更大的恩赐。

我很爱一位“盈”码的美国师母，每次见到她，我的身心都充满对她的依恋和温顺，我喜欢被她拥抱，喜欢在她怀里说话，喜欢与她同眠一室，喜欢挽着她走路……我还特别喜欢她的打扮。她有一种魅力，在她还没有开口说话时，你好像已经预备好要跟着她一起喜乐了，在她开口说话时，你会完全被她吸引，她是那样的淡定、雍容、自信，那么坦白，并且，那么的有爱心。师母还很爱美，对我的大衣、靴子、围巾、项链、胸针都观察得很仔细，常常一一赞美点评。跟她在一起，我甚至忘记了她很胖，我觉得她很体面，很好看。

出于职业习惯，我仔细地观察过她的衣着色调和配饰色系。我发现她冷暖两色都可驾驭，她喜欢穿黑白两色相间的几何图案的裙子，典型的冬季型，使她看起来很power，很利落清洁，与她的直短发相得益彰，也将她的知性衬托得很到位；但是，她也穿大地色系的服饰，她穿起典型秋季型咖啡色的卡丁衫来，显得特别温柔、文雅……我明白这些都是因为她有发自内心的爱和喜乐。她的身心都散发着人们称之为自信的气质，使她的言行举止充满了得体的悠然，也使她的体形和丰盛的内心浑然一体，成为一种美妙的承载。我清楚，那并非一般人认为的自信，因为自信的焦点还是在自己身上，但是信心是一种更大的恩赐。啊，我要为她赞美上帝，我看到一个女人是如此的感恩被造，因为怨气、自卑、嫉妒在她身上简直了无痕迹。如果你认识她，我相信你会羡慕她那样的生命状态，你会希望自己也有那样的生命。

我和师母曾经在去机场的路上分享丢失心爱的首饰的心情，当她告诉我她是怎样趴在飞机的地毯上寻找戒指时，我们一起笑着，那一刻我的内心充满了对她的深爱，她是如此可爱真实，如此鲜活……她是如此热爱生命、生活！她没有放弃任何女人该得的享受，她跟任何年轻貌美的女人一样享受生命给予她的美丽，甚至更多……我忍不住问她："师母，您的先生也一定像我这样依恋您吧？"她毫不犹豫地点头说："是的，他就是这样。"

感恩、爱、不嫉妒、喜乐，这就是你必须学习操练具备的。不论你是谁，只要你爱美、希望自己美，它们会组成你美丽的信心。

我还认识一位"盈"女郎R，我之所以用"女郎"二字称呼她，是因为她实在配得上这两个字里的爽朗和都市摩登意味。R是香港的一位资深公关，她给自己取名为卡门，因为她说自己太胖，常常被门卡住……

她的个子小，还的确很胖，但奇妙的是，即使你在听她说“卡门”的来历时，你也会忘记她很胖，因为跟她在一起非常开心。她极其幽默，思维敏捷，这种智慧的特性甚至使她的动作都显得轻盈了。你会觉得她很飞扬、快乐、时尚，凡是认识她的人无不这么认为。

我认识她几年了，我们从工作关系慢慢变为朋友，因为她同时还是个很有涵养、为人体贴周到的女郎。她的待人接物常常让我感动，也让我了解她的魅力深处蕴涵的一切。她从来没有减肥计划，但是从不放过美丽。一次，我与她相约在香港商场相见。她找到我时，我正在试穿一条真丝复古连身裙。她不仅大赞我的拎包太好看了，还即刻爱上我试穿在身的那条裙子，问店员有无她的码数，一点儿也不抱怨“要是我有你那么细的腰就好了”之类——这是一般女人会在此时说的话……虽然比我的裙子整整大了四个码，她很坦荡地跟我一起一人买了一条。我们将同一款式的裙子穿出了完全不同的韵味……

R 给了我一份很大很大的感动。我心里充满对她的敬意，因为我看到一个女郎内心的纯然和热爱。我多么爱这样的女人！我们相约等天暖了要穿上同一款裙子，带上同姓的先生一起去喝下午茶。我忘了说，她有一位很爱她的丈夫和一个甜蜜浪漫的婚姻。

你讨厌自己身材庞大吗？缩小这种膨胀感觉的办法，就是做一个有爱意的人，让你的体形与你内心满溢的爱相称！

你讨厌自己的体重带来的负担吗？摆脱这种负担的办法，就是做一个喜乐、幽默、有涵养的人，这些特质会让人与你相处时感到轻松、开心、感动！一个埋怨、霸气、粗鲁、冷漠的人，给人的观感就会是笨重的、多余的、不令人喜爱的，自然更容易让人觉得被占据的空间太多。

梅里尔·斯特里普

1

2

1. 茱迪·丹奇
2. 海伦·米伦

你讨厌自己离时尚很远吗？这是你的误解，天下有太多美丽的服饰还真的只有你才能穿得出那份气势、那份丰盛！

令人印象深刻的“盈”

梅里尔·斯特里普的“盈”：“盈”的典型形象，有永远上扬的嘴角，依旧对世界表示惊叹的眼神，以及极具感染力的飞吻，万分感恩的各样手势……一个神奇的女人。她在《时尚女魔头》里尽管时尚，却不足以表达她的“盈”，她在《妈妈咪呀》中的演出才是对“盈”的全面表述。腰围增加，丝毫不影响她对腰带的热爱，她穿什么都会让你觉得那就是她的衣服。

茱迪·丹奇的“盈”：试试你的想象力，你会发现不会有第二个女人能够像她在007先生面前那么够分量——这就是“盈”的分量，冷静，力度，并且无法超越。简洁的白衬衣和超短发在她身上显出从没有过的力量感，当“盈”代表某种能量时，已经无需太多装饰，因为本身已经够丰盛，所有简约的单品会在这时发挥到极致。

海伦·米伦的“盈”：她出现的时候，世界发出对性感的赞美。柔和的脸部轮廓，机智深邃的眼神，女性化的笑容，骨子里的性感是这样不可置疑地散发出来。

玛／亚／的／话

1. 爱心、智慧和幽默是你的法宝，它们会使“盈”码美人有光辉、有温度，这正好适合搭配你的体形。让人感觉你的身心都是如此丰盛！形象是一种美好感觉，而不是完美外表。
2. 保持全身的简约、利落、干净、芳香，还要保持你的笑声。
3. 穿好品质的鞋，戴高贵感觉的首饰和名表！
4. 永远不在人前谈论自己的体形，不羡慕他人的瘦削，是盈码美人表达高贵气质的关键。
5. 幽默地用自己的体重开玩笑，而且语言文明机智，不成为周围人的负担，也是保持盈码美人风格的关键，但是也必须符合你的气质定位和自我把控力。
6. 不管你吃多吃少，都必须慢慢吃，并且绝对保持餐桌礼仪，在家在外都一样。热爱美食和毫不节制的贪婪就在这一线之间。做到前者，甚至能让人羡慕你的从容与享受。

纤、婷、端、盈，让我们领悟到无论哪一种体形，都有它的局限性，都没有视觉上绝对的完美。如果你没有感恩自己的生命，你就会没有爱。没有对自己的爱，更不会有对他人的爱，随之而来的就会有嫉妒、怨气，自然就没有喜乐、没有信心。

感恩、爱、不嫉妒、喜乐，这就是你必须学习操练具备的。不论你是谁，只要你爱美、希望自己美， 它们会组成你美丽的信心。

在做形象设计的第一天，我们会为被设计者做体形测量。在这一项中，特别突出的数据会给我某些提醒，让我认真思考这些数据给被设计者带来的局限是属于身体的还是属于气质的。比如特别丰满或平坦的胸部，较短的颈，极其窄的肩膀，超长或超短的胳膊，凸出的小腹……其他所有的数据是让我去发现身体的一种独特语言，这种只属于一个人的语言究竟要用怎样的语调、语速、声高去表达？有时，沉默是一个身体最好的语言，有时歌唱才是对的……这些秘密的对话会在我的心里反反复复地表演、对白、辩论……直到我的灵感完全成型。当灵感到来之时，我是兴奋的、激情的，兴奋和激情是无法造假的，因为它们会用令人激动的方式催促我，一个声音从天而降：可以开始了。

{二}

你能驾驭的颜色比你知道的还多

1. 关于肤色：拒绝一白遮百丑的诅咒

关于肤色，我有一个美丽的记忆……

那天清晨，我走出酒店，几十米之外，一个高挑的黑人女郎迎面走来，还推着一辆婴儿车，车里是她的宝贝。我在伦敦淡薄的阳光里远远就感受到她散发出来的自信和她无与伦比的独特之美。我目不转睛地向她注目，当然，带着欣赏的微笑，唯有这样，才显得不失礼。她经过我身边的时候也朝我笑了，笑得很灿烂，露出了洁白的牙齿，一半因为我毫不掩饰对她的欣赏，一半出于她发自心底的自我陶醉……几年过去了，这个早晨仍旧清新地印在我的脑海里，我完全不记得她的服饰，猜不出她的年龄，我只记得她黑色皮肤里的笑容，她生动的体态、朝气和万分的自信。她怎么那么美？我问自己，仿佛是她的笑容掩盖了一切……而她的皮肤是黑色的。

一个最成功的形象，往往来自对弱点的转化。

说到肤色，没法不谈白皙的问题。

在全世界的女人里，是否中国女人是最挑剔自己肤色的呢？我不止一次地听到同行说："这个颜色只有皮肤很白的人才能用"、"这个口红只有皮肤最白的人才能驾驭"……每当此时，我心里就莫名地难过，难道美的定义只限于青春和白皙吗？我们是否忘记除了白皙，皮肤的美好还有细腻、光泽、柔软、温润、阳光、健康、紧致等丰富的情调可以表达，每一个情调都可以被发挥到极致来成就脸部的光彩啊！即使是带着红血丝的敏感皮肤，也会给我灵感，让我想到脆弱之美、柔弱之美，我一定会找到相应的化妆特点和服饰来协调创作，让那敏感成为个人特质……甚至，经历了风霜的肌肤，我也能欣赏到每道细纹里的智慧和力量，它们会给我灵感去寻找配得起那些细纹的一件夹克或者斗篷……

如果你不能欣赏每一种颜色的肌肤，你是无法成为一个好的形象设计师的，因为对肌肤的"色彩歧视"会削弱你的爱，没有爱，你的设计就打了折扣。我的设计经验告诉我，越是被人们视之为遗憾的地方，越是挑战设计师创造力的所在，如果你可以将"遗憾"化作特质，你做的形象设计就将越精彩！一个成功的形象，往往来自对弱点的转化。

颜色与人的关系绝不只是与肤色合适与否的问题，颜色与人的真正关系是内心、性格和气质的关系。

我们不为皮肤划分季型，因为人与服饰之间的关系不仅是颜色的问题——我们为每个人研定属于她（他）个人的色卡，我们要为被设计者做的是扩张，而不是限制。每个被设计者都有她（他）自己的特性，肤色＋肤质＋轮廓＋眼神＋表情＋笑容方式＋语言风格……这一切才是整个面部的个人特征。请相信，脸部呈现出来的性格、韵致才是脸部最宝贵的表现力。

2. 关于性情：内在性情的冷暖才是你真正的色彩

每次举起一块色布，我都走进一条通往被设计者内心的小径，我尝试着通过不同的色布发现她（他）生命的颜色……色布对我来说，不是用来简单测试他人的脸色、肤色，肤色的明、暗、纯、浊、粗、细是显而易见的，我要寻找的是肌肤之下驾驭每一种颜色的能力和原因！

颜色与人的关系绝不只是与肤色合适与否的问题，颜色与人的真正关系是内心、性格和气质的关系。我试验过多次，把同一种颜色给相同肤色的人穿，有的人却完全不适合，因为他们还有性格、内涵、情绪、年龄等更复杂、更深沉的差异。

“如果你没有爱，你就无法设计他们，如果你不能爱他们，设计就无法成功。如果你不能爱惜每一种轮廓和颜色，你就无法找到美丽……”这是我内心的那个声音对我的嘱咐。所以，我很清楚，我为每一个被设计者寻找适合她（他）的色彩时，考虑的不仅仅是肌肤的和谐度那么简单，相反，肌肤的色调是可以通过化妆来调节的。

其实，没有人知道，每次测色之后我的大脑都有一种晕眩和缺氧的紧绷感。没有人知道，测色对我是一项多么耗费心力体力的过程。我自己明白，给被设计者测色于我是用生命去感受生命，而不是用眼睛查看肤色和色布那么简单。我要记录的不止是一个颜色的得分，而是很多颜色与被设计者结合时给我的感受。

我自己也曾经历过测色，但是我对于整个过程的记忆完全淡漠了，对于各种颜色与我的关系没有留下任何启迪性印象。测色时，我觉得瞌睡和沉闷，之后我照样穿着我自己一贯的选择，那些被我的闺蜜称为“危险的颜色”。我唯一记得的问题是我反复在内心自问的：为何要测试那么多时装店里完全不会出现的颜色呢？做过时装设计师的经历使我从实用的一面来思考色彩测试的实用性，我很清楚地知道很多色布上的颜色是永远不会被做成衣服的。

颜色会因为性情、年龄、环境、事由、时间段、款式、材质、使用部位等不同而改变它与人之间的关系，将这些考虑进去后，你会发现你以为不能用的颜色原来可以如此好看，你的选择原来可以如此广阔而又微妙……

有一次，在色彩领域颇有建树的一位色彩顾问和我一起午餐，我们走在正午的阳光下，她对我说：“玛亚，我看着你身上的颜色就发愁，这些颜色是我从来不会运用的，如果它们只是面料，我真是不知道什么人才能穿。可是你就能穿，而且你怎么能穿得这么好看，我真是看着它们就发愁。”她的语气抑扬顿挫的，把我给说笑了。我说：“这就要问你了，你可以给我定位分析呀。”她说：“我看你属于优雅加自然，但是我是不会给你用这些颜色的。不过我也想不出你还能穿什么颜色，可能只有你穿了好看。”当时，我的胸口涌起一股硬硬的气流，好像有一大堆话语要喷涌出来，但是被我的性情抑制住了。我明白，我不该在那个时候说什么，因为那是一个很大的话题。我什么也没有说，愉快地结束了那次午餐。

两年之后，在另一个饭局上，几个在那位色彩顾问处做过形象设计的女士向我提出了许多问题，都是关于色彩和形象设计的。我当时很郑重地告诉她们："我很尊重色彩顾问，我特别尊重那些最初作为形象设计开荒者的前辈们，是他们在中国开始了这个美好的事业。"但是我认为形象设计和色彩顾问是两种不同的概念，在形象设计中，色彩只是其中的一部分。我认为，测色是必要的，但是颜色决不能成为一种辖制，既不能用得分高的颜色来全面武装自己，也不能完全不理会得分不高的颜色，因为颜色与人的关系绝不仅仅等于颜色与脸部肤色的关系。颜色会因为性情、年龄、环境、事由、时间段、款式、材质、使用部位等不同而改变它与人之间的关系，将这些考虑进去后，你会发现你以为不能用的颜色原来可以如此好看，你的选择原来可以如此广阔而又微妙……现在，她们都因重做形象设计的缘故体会了我完全原创的色彩测试。她们发现没有"不能穿"和"只能穿"的颜色，只要注意到每种颜色与自己的关系，以及处理每种关系的方法。

在测色时我寻找的是什么？是一个人的性格和韵味。因为颜色是有性格的，颜色是有话语权的。

玛亚讲的故事

几年前，我认识了一位公关，她的事业发展得很好，新婚，丈夫据说很合她意，一切春风得意。她特别喜欢用红色，很饱和的红，在她白皙均匀的肤色映衬下，整个人显得特别优秀、入时、有实力。几年后当我再次见到她时，发现红色在她身上已经不漂亮了，她仍旧成功，但是红色却显出一股杀气，很没有亲和力，让人感觉她过于厉害、精明……

颜色与肌肤的关系是初级的、表面的，颜色的性格和人物的性情、内心的关系才是深沉的，需要用心把握。

她手里拿着的红色笔记本，竟然像凶器一样令人生惧。后来我才知道她的丈夫有外遇，她离婚了，事情处理得十分不愉快……我突然就明白了她不再适合红色的原因，因为她心里的积怨和恨意把红色血腥的一面带出来了……一次次的实践，让我确信，颜色与肌肤的关系是初级的、表面的，颜色的性格和人物的性情、内心的关系才是深沉的，需要用心把握。

另一个故事

我有位最知心的女友，非常知性，内涵丰富，为人温暖低调，肤色是象牙白，一向都是穿暖色调好看，但凡咖啡色系在她身上真有惊艳效果，她也知晓自己的色彩优势，在她身上甚少见到冷色，大地色系对她来说是那么妥帖、深厚……

最近一次陪她购物，我大胆地为她挑选了一条深海蓝与孔雀蓝相间的宽条纹围巾，搭在她灰色的衣裙上，竟然十分惊艳，很美。她几乎不相信自己可以用这个颜色。我又将典型的大地色系的深咖啡和墨绿相间的另外一条同款、同质地围巾换到她颈间，她很吃惊地发现效果反而不如刚才那条艳丽的蓝色围巾。她疑惑地问：“是不是今天我的美妆做得比较好，影响了真实的效果？”我对她说：“你没有发现你变了吗？你现在有了从前没有的果敢和坚强，你和你的眼神比以前要有力量得多……你已经到了冷暖色调都能驾驭的年华了！”

她在镜前试了又试、比较了又比较，实在是又吃惊又开心，谁不喜欢自己能够多驾驭一种美丽呢？结果是，两条围巾她都要了。我开玩笑地说："其中一条必然失宠。"跟孔雀蓝一比，她一向擅长表达的大地色显得平凡了许多。因为她的生命已经活出了新的精彩，两年前她离开校园，不再当大学老师，成立了自己的公司，随着生活环境和生命历程的更新，她的色彩语言也发生了奇妙的变化。

测色时，我既为色布做了减法，又为之做了加法。

减法是：每个色系里的色布完全不需要那么庞杂，因为所有品牌加在一起也用不到那么多的颜色，每一年的流行趋势都有一定的范围，为什么要测试我们根本不会遇到的颜色呢？测色必须是有实际意义的。色布上的颜色必须是有明确性格的、有可以被分析的气质的，因为时尚界从来就不会出现没有主题、没有故事的流行，每种流行的色彩、款式都是有清晰的意义的，所以，测色不能做无用功。

过多的色布，会让被测试者无所适从，因为很多颜色其实不知所云，极不稳定，根本不会被时尚界采用。当我还是一个时装设计师时，我就明白如何确定每年的流行色，这个基础帮助我有一个非常清晰的思路，寻找到对被设计者真正有用的色布。所有色布的质地、明暗度、饱和度都必须是让人觉得非常亲切的，也能够使被设计者再次走进时装店里时，能够非常容易产生明确的关联。

色布上的颜色必须是有明确性格的、有可以被分析的气质的，因为时尚界从来就不会出现没有主题、没有故事的流行，每种流行的色彩、款式都是有清晰的意义的，所以，测色不能做无用功。

加法是：我添加了色布的范畴。首先，我增加了各种质地、各种厚度的色布，因为测试的颜色是以不同面料的形式出现在市场上的。不同的质地、厚薄能够更加精确地测试出被设计者对色彩的驾驭能力。认识颜色的同时必须让被设计者也认识质地，因为质地是选择服饰时很重要的因素。同一种颜色质地不同，表现力会完全不同，质地能改变一个人对色彩的驾驭能力。

其次，我增加了一些原本没有的色系。因为时尚是一个不断更新变化的领域，有许多色彩是新造出来的，有许多质地是原本没有的，这些都需要为被测试者提供出来，都需要根据国际标准和潮流来补充。第三，不断添加或者更换某些色布，使测色与时尚同步。

肌肤色调的冷暖加上性情的冷暖，才是一个人比较全面的色调温度。

就这样，我用完全原创的色布体系建立起测色系统。每个色系有明确的测色目的，其中的每种颜色也都有自己的色彩性格以及色彩名称。我感受到，当每种色彩本身就具备自己的生命时，测色才能具有真正的意义。在测色的时候，我常常听到被测试者感叹道：“这个颜色好美呀”、“这款面料真舒服啊”、“这个名字好好听啊”或者“这个名字好有意思啊”、“啊——原来这个颜色我可以穿呀，那天我就看见一条这种颜色的裙子……”

肌肤色调的冷暖加上性情的冷暖，才是一个人比较全面的色调温度。

3. 清洁的心会增加对色彩的驾驭能力

几年前，我在一个芳香疗法的疗程中听到台湾的芳疗师对我说：“现在我知道你这个工作狂为何常常熬夜却没有神经衰弱了，你的脾气和心理都没有问题。”我问她是什么意思。她说她接触我全身的皮肤，发现没有任何疙瘩、暗疮……而她按摩我的头部时曾经很吃惊地发现我完全没有神经衰弱。她告诉我她常常通过皮肤来了解一个人，那些脊背上有很多暗疮的人都很爱生闷气，心里有苦毒，而敏感、嫉妒、暴躁……也会产生一一对应的皮肤问题。她分析了一番一位我介绍到她那里去做芳疗的朋友的性格，让我很吃惊，她说得很准，因为他们原本不认识，但是实际上那位朋友就是那样的性格……

我早就认同人的内心会影响气质和相貌，这件事也让我体会到人的性情真的还会影响肤质。肤质很不好的人，要释放自己内心的苦毒，饶恕那些你一直不能原谅的人，让自己的内心世界柔和、平安。

常常，我会在测色的时候要求将某几种颜色重新再测试一遍，因为某些颜色没有像我预想的与被测试者那么贴合。在不断测试的过程中，我再次发现喜乐奇妙的作用，当我对被测试者说："亲爱的，请你微笑一下。"结果就是，色布与被测试者的关系即刻发生了奇妙的变化，那些原本看似与人有距离、隔阂的颜色一下子变得与人浑然天成。看在眼里，我心里会很感动。一张寡淡、没有丝毫喜乐的脸即使白净，它与色彩结合在一起的能力也会变弱。

颜色是有性格的，如果你的脸体现出来的是不开心的性格，你真的无法与明媚的颜色合一，哪怕你的肤色看起来很好。人的脸上不是只有一张肌肤，人的脸庞是立体的，由五官、轮廓、表情、眼神、细微的动作组成，这些都会与颜色产生各种关系，这些关系的总和才是你驾驭颜色的能力。

也许你会说：反正我不是个快乐的人，我就用不快乐的黑色来做到和谐就是了。我会告诉你，亲爱的，

黑色并非不快乐的颜色，黑色相当丰富，而且，当你以为你可以用与你一样负面的颜色制造和谐时，这种负面的叠加造成的和谐会使你变得非常直白，非常容易被人论断。

黑色并非不快乐的颜色，黑色相当丰富，而且，当你以为你可以用与你一样负面的颜色制造和谐时，这种负面的叠加造成的和谐会使你变得非常直白，非常容易被人论断。就像不少很胖的人总以为穿黑色会帮助制造收缩感一样，其实大多数材质的黑色反而会从视觉上增加体重，因为黑色本身是有相当重量的颜色。

为了美丽，充满喜乐成为必需。想要驾驭更多色彩的方法真的就是增加你的喜乐，因为再好的肌肤也终究会渐渐衰老，而你的喜乐和美好的内涵却可以随着岁月倍增。正如我在前面提及的两位“盈”女士，她们都是生命被美好与喜乐充实之后的美丽，她们能驾驭的颜色远远超过她们的肤色本身可以驾驭的。

为了美丽，充满喜乐成为必需。想要驾驭更多色彩的方法真的就是增加你的喜乐，因为再好的肌肤也终究会渐渐衰老，而你的喜乐和美好的内涵却可以随着岁月倍增。

你一定知道那位简 · 伯金（Birkin）女士，爱马仕伯金包正是因她命名，很多人为她迷人的风采所倾倒，但是却说不出所以然。她是那么瘦削，即使在年轻时脸庞也算不上漂亮，牙缝还是那么稀疏……可是她却有一股无以名状的性感和风格，让你坚信爱马仕以她的名字为自己的品牌拎包命名是多么智慧的举措。那么你有没有发现伯金留给媒体的影像几乎是一律的灿烂笑脸？可以说她非常了解如何迷人，以年过花甲的年纪，怎样使自己在镜头面前呈现出最佳的状态，那就是喜乐无邪的脸。

如果你想知道她不在此状态下的面容，可以看看她在 2010 年的影片《36 个角度看圣卢山》，她在片中有不少沉默不笑的样子，你会看见一个你不想看到的伯金，一个迷不住你的伯金。在她的招牌笑容里，

伯金灿烂的笑脸

你绝对能体会到喜乐对人的形象影响之深，它几乎将一切负面的、有缺陷的、可挑剔的因素转换为正面的、无关紧要的、不必挑剔的，可以使所有的缺点当场遁形，换之而来的是信心、吸引力、感染力……

喜乐能改变肤色对色彩的驾驭能力，改善肤质则能改变人对面料材质的驾驭能力。“要开心啊，亲爱的。”我常常嘱咐那些让我担心的客人。我遇到过肤质复杂、有问题的女士，后来在做形象设计的过程中遭遇的问题也最多，因为内心还有纠结需要先解决……不好的肤质会提醒我她的生活并不是很如意，但也是更加需要得到祝福的！我为她们感恩，感恩她们在我生命中的出现，感恩她们各自的美，我多么盼望她们一直、一直地将自己的美好继续下去，正如我们共同相约和共同希冀的：美丽地老去……

我要再次地祝福你拥有：感恩、爱、不嫉妒、喜乐，因为这是美丽必须具备的。

在以上这些品格中，不嫉妒对于女人是非常宝贵的德性。嫉妒会带来的其他负面、丑陋的影响是最多的，比如，不屑、挑剔、轻视、仇视、猜疑、竞争心、抄袭模仿、压力、不开心……这些负面影响会在人身上留下深深的痕迹。我观察过那些内心藏有嫉妒的人，他们的法令纹会比其他人更明显，嘴角双双朝下，眼神阴沉躲闪，双颊也比其他人更为下垂，二十多岁就有很多白发（非遗传性）。内心的嫉妒会制造出嫉妒的表情，在不需要面对他人时，这些表情会随着内心频繁的苦毒和对话来主宰面部肌肉和表情，即使在人前掩饰得再好，也无法改变笼罩在脸

内心的嫉妒会制造出嫉妒的表情，在不需要面对他人时，这些表情会随着内心频繁的苦毒和对话来主宰面部肌肉和表情，即使在人前掩饰得再好，也无法改变笼罩在脸庞上的气息，因为面部肌肉已经习惯了平时的走向。

庞上的气息，因为面部肌肉已经习惯了平时的走向。不屑和挑剔会带来很难看的白眼、斜视眼神，而且嘴角下撇；多疑的人面孔都会比他人更为老成，所以要想显得比实际年龄年轻，首先不要养成猜疑、不信任的心态；喜欢竞争的性格会给自己带来压力，同时会使眼神凌厉，在说话的时候不小心流露出狰狞的表情……这实在是很可怕、很可悲的。

我身边有位设计师曾经提醒我注意某位公众人物的表情，她告诉我："玛亚老师，如果一直盯着她看，会发现她很狰狞，很可怕……"于是我们大家都来注意那位事事争强好胜的女人，只要盯着她说话的脸几分钟之后，你就会发现她真的很狰狞。我明白，那都是嫉妒造成的，她的努力奋斗并不是她真正快乐的源泉，她的努力只是因为她嫉妒，她想要别人手中所有的东西……那些不健康的内在原因就这样不知不觉地腐蚀和毁坏了她的面容和气质。

以上的发现也就是人们常说的，四十岁以后你要对自己的脸负责的原因。如果不清除这些内心垃圾，它们最终会毁坏你的容颜。

玛／亚／的／话

1. 不论衣服新旧，脸色柔和、眼神亲切都会让身上的衣服变得好看。
2. 让设计师帮你寻找多种适合你的中性色，这是可以经常穿的，而且显得时尚，很有都市感！
3. 在不同的季节穿出与环境和自然景色和谐的颜色，会使得你成为他人印象中衣着得体的人。
4. 记住那些让你更有女人味的色彩，用来做内搭，或者在需要表达性感时使用。

5. 记住那些让你显得高贵无比的颜色，可以用它做高级定制的晚装和礼服。

6. 即使是一个人独处，也常常提醒自己面带微笑，自己难道不是最需要被善待礼遇的人吗！

{三}

护肤：一堂专属于你的皮肤保养课

我不赞成心灵美重于外表美的说法，我认为它们同样重要，完全可以、也应该互相表达……

就像我在上文所提及的，内心会影响肌肤质量，那么有了好的肌肤和内心，我们怎能不好好呵护持守呢？

> 肤色，均匀光洁很重要，学会护养，学会真正实用的个人化妆术，是很享受很快乐的事，也是女性的一种修养，它能培养你从容细致的女性特质。

肤色，均匀光洁很重要，学会护养，学会真正实用的个人化妆术，是很享受很快乐的事，也是女性的一种修养，它能培养你从容细致的女性特质。很多女性都因急躁、没有耐心、缺乏坚持的精神而忽略保养。反过来，忽略应有的保养细节，会助长女人的急躁和主观固执，直到有一天，她们发现自己再也无法自傲……愿意改变、愿意成长、愿意进步，是女人能葆有年轻、从容心境的基本素养。

在形象设计过程中，我的被设计者都有一堂健康护肤、美妆课。这是轻松开心的课程，也是为了修养女人的好性情，我没有见过哪个优美

的女人是不保养肌肤的。在上课之前，我们会详尽了解被设计者的生活方式、饮食及作息习惯、皮肤保养方式和常用的保养品，然后根据她（他）的实际肤质加以调整。我们从世界各地收集来各类保养品牌的资讯，而且特别注重有实用价值的评论分析，也不断地使用各类产品，收集使用心得，就是为了发现被设计者的保养问题并且提供最好的保养方式。在这堂只有一个听众的皮肤保养课中，我们会将调研好的健康护肤的保养理念、保养方式、推荐的品牌以及品牌的文化、推荐理由一一阐述给被设计者，让她（他）切身体会到这是一堂开启性的全新保养课程。

你平时所用的化妆品适合你吗？

在提出保养方案之前，我们会察看和询问被设计者的梳妆台、皮肤问题和保养习惯。通常，会有以下几个很常见的问题。

用顶尖品牌来解决问题

很多女性喜欢用目前最贵的那几个

护肤品牌，一瓶面霜往往就好几千元，你问她效果如何，她也说不上所以然。有的人表示不是很好吸收，皮肤也产生了负担和疲劳，甚至形成脂肪粒和粉刺。但是她们认为那正是保养品极具营养的表现……

世界上从来没有一样美好的事物是无需付出代价的。美丽属于愿意为美丽付出代价的女人，这代价中最重要的就是时间，因为这象征着坚持，坚持才能持守终身的美丽。

敏感肌肤放弃保养

有不少女性因为肌肤敏感就放弃保养，只用最简单的防敏护肤品或者不用，造成皮肤暗淡、干燥、不光洁。以不用保养品来解决皮肤过敏问题是很亏欠皮肤的做法。皮肤过敏，很多时候是与情绪、经历、体质有关，不见得是使用保养品造成的，放弃保养等于完全让位给敏感问题……

用最简单的方法对抗复杂的环境

有不少女性常常用老一辈不用保养品皮肤反而更好作为理由，来简单处理自己的保养问题，殊不知如今的环境已经比老一辈的环境恶劣了许多，保养肌肤真的不是一瓶雪花膏就可以解决的问题。很多女性跟孩子一起用婴儿霜、婴儿油，以为婴儿都能用的护肤品是伤害性最低的。有些女性甚至用眼霜当面霜来用，理由是眼睛能用面部一定没问题。也有的是涂面霜时顺便涂到眼部，理由是以前的人哪有什么眼霜，还不是好好的……有的人竟然都没有真正的清洁用品，也不使用化妆水，更别提适合自己的保养品了。不做就不错，是这种错误保养法的出发点。

懒

这一类的女性还真不少。她们每次都会说，早上很忙，没时间抹脸；晚上已经很累了，一想到还要抹来抹去就觉得筋疲力尽……很多人问我有没有最简便的、最省时间的皮肤保养方法？我说：没有！世界上从来没有一样美好的事物是无需付出代价的。美丽属于愿意为美丽付出代价的女人，这代价中最重要的就是时间，因为这象征着坚持，坚持才能持守终身的美丽。

在为被设计者拟订保养方案时，我们会注重以下几个方面的问题：

清洁品

每个人适合的清洁品都会不一样，但是有一个标准是一样的，那就是当你清洁完脸部后，用干净的手指来回抚摸脸部肌肤时，如果还有油腻或涩涩的感觉，好像手指与脸部肌肤之间有一层隔膜似的，那就说明还没完全做到清洁。真正清洁之后的脸部肌肤会非常光洁，而且不紧绷。如果紧绷，不仅说明清洁品不适合你，也说明你的肌肤在喊“救我”。

有的女性长期没有彻底清洁肌肤，使得脸部有一层黑垢，这说明还需要去角质。得到清洁之后的肌肤才有正常的管道吸收保养品的营养。这就像感冒时不能吃补药一样，身体一定要在健康状态才可以补充营养。肌肤清洁是保养的第一步，也是优雅的第一步，西方人常说“优雅是从一块肥皂开始的”。

建立保养的根基

肌肤的日常保养根本之处到底是什么？这是我近年来一直在探求

的，因为随着年龄的增长、环境的日益复杂、广告艺术化的发展，以及对品牌的不断更新尝试……我心生不安。肌肤经过多年的悉心保养，也代我发出无声的提问：我们肌肤原本的自卫功能和自愈功能是什么？

我的肌肤从小到年轻期都是中性的，为什么近年来越来越干？我用的保养品是很有声望、很滋润的，为什么到了下午肌肤就渴了？由于加强护理，眼部也长出两三个很细的脂肪粒……

很幸运，通过对身体保健知识的了解，我清楚地明白人体是有自卫、自愈功能的，我们在最初被造时，脸上的肌肤和身体的健康一样具备自卫自愈功能，那么最好的肌肤保养原理，应该是立足在恢复肌肤自身的修护能力之上的。唤醒肌肤的自卫能力才是关键……这是我近年来的保养心得，我也获益于这个心得。因为，虽然如今的我比几年前年长，但是肌肤不再在下午“口渴”了。

清洁不是为了卸妆

清洁不是为了卸妆，即使没有化妆，也要好好清洁！清洁到底是为了什么？——是为了恢复肌肤的自卫、自愈功能。毛囊不堵塞，才是恢复肌肤自身修护功能的第一步。我从不止一位化学家那里了解到各种清洁剂的真实面目，尤其了解到各种洁面用品的化学成分对肌肤的危害，这种危害最致命的地方就是它破坏了肌肤自身的修护、分泌功能……这就是我的肌肤每到下午就需要补充能量的原因，不是我老了，是肌肤自己不能工作所致。学会分析保养品的成分，就能不被它的包装和宣传影响。

保养不能喧宾夺主

成熟的肌肤最常遇到的问题就是抗衰老、抗皱、抗松弛，还有就是祛斑、亮肤美白，过敏和粉刺也在其中。

作为成熟女性，不要期望保养具有整容般的功效，抗衰老最重要的是能够使你的现状不再恶化，并且肌肤问题有改善。如果坚持保养，你会发现五年之后你的肌肤状态还是跟现在一样，这就是成功的保养，保养是维持最好的现状、投资未来的美丽。

喧宾夺主的保养就是让保养品霸占你的脸，迫使毛孔毛囊停止工作，让保养品在你的脸上产生化学反应，当然，有时是药物或魔术反应……脂肪粒等问题，可以说是喧宾夺主保养方式产生的反应堆。

遵循人体自身自愈自卫功能的保养品，应该是毛孔毛囊工作的补充剂，让身体处在自己协调中，才是聪明的保养。如今，我按照这个标准，从以前耐心不怕麻烦的"多层次"保养简化到尊重自身肌肤的保养法。有效果吗？有。因为，每天下午，直到晚上回家，我的肌肤都不渴，它像我年轻时一样不再干燥。请一定记住：干燥和油腻，都是肌肤不能再进行天然工作的表现。

我是很热爱工作的女人，我的肌肤曾经出现过冬季型过敏现象。我发现不仅是工作狂所致，还特别提醒我秋冬季是女性肌肤保养的关键季节。注意不再连续过度地投入工作，坚持早晚的灵修，一直到今天我的脸再没出现过冬季过敏现象。

我相信，通过保养肌肤完全可以恢复到好的状态。至于粉刺，我自己虽然没有，但是却治好过好几个满是粉刺的脸，有男有女，这使我很有成就感。

好肌肤不属于固执己见者

我常被公司里的姑娘们称为小白鼠，因为我是一个很愿意学习、愿意改变和进步的女人，我不固执。我不教授化妆保养课，但是好的保健、保养产品，我都是经过亲身体验后才介绍给姑娘们的。我认识好几位皮肤很好的长者，她们和我一样至今都有一颗好奇、愿意尝试的心。

玛／亚／的／话

1. 脸上的投资不能节省，所以要投资准确，而不是砸下巨款就有回报，否则再富有也是一个“没有面子”的人。
2. 一定要找到适合肌肤天然生存原理的保养方式和护肤产品，清洁品和保养品都要遵循人体的自然律，贵在坚持。天天都要清洁，保持毛孔毛囊的正常工作，它们不需要休息，它们在工作，你的肌肤才能休息。
3. 学会分析保养品成分是必要的。请学会问问题，比如：既然是全天然成分，为何保养品的颜色是纯色、净色（洁白、粉色、淡黄等）？因为所有天然的原料相加，颜色一定是天然的浊色（灰色、褐色、说不清的颜色……）。并非不添加防腐剂就做到了无害，因为脱色剂、增白剂跟防腐剂一样有害。
4. 常做面膜的好处要常做才知道，效果真的好！尤其是在日晒之后、旅行中、生理期，这些情况下特别需要！排毒、保湿、提升效果的面膜轮流使用，每周至少应做两三次。眼膜可以和面膜同时使用。
5. 问问母亲或者祖母，不论她们的肌肤状况是好是坏，她们的得与失都会对你有用，因为你们拥有相似的基因。教训和秘方一样宝贵。

6. 肌肤的本钱需要年轻时积累，不是等衰老了才投资。

7. 微笑，而不是等待别人对你微笑，是使肌肤看起来还不错的永恒保养品。

{四}

美妆：把修养和信心描画在脸上

你今天充满了信心和好心情，那么表达出来！你今天心情不怎么样，那么更应武装一下自己，让你的状态宣告你仍旧要在今天得胜！美妆，绝不是给自己戴面具，而是让自己的面貌和精神状态成为相辅相成的良性支持、良性循环！

我一直记得小时候看过的英国影片《女英烈传》，讲述犹太人被关在集中营的故事。影片中一个犹太女人把白墙粉往脸上抹，她旁边的人对她说，你抹这个有什么用？她回答："我知道没用，但是我总觉得该抹点什么。"我不记得那部电影的其他场景了，但是我深深地记得这个对白和场景……我幼小的心灵在那一刻被触动得很疼。爱美，是多么感人至深的情怀啊！当人类的文明与爱被践踏时，追求美尤其显得熠熠生辉。

保养课程之后，还有一节实际操作的美妆课。这堂课是教会被设计者适合自己的化妆方式。在这一点上，我自己就是一个被教育过来的人。从前，我除了香水和口红，什么化妆品都不用，总觉得自己肤质很好，无需粉饰。不少美妆品牌送过我睫毛膏、眼影、胭脂，我总是转手就送人了。我不反对别人化妆，但是一直认为化妆会破坏自己的气质和真实，而且我也担心彩妆损伤皮肤，这大概也代表很大一部分人的心声。自从开始全职做形象设计师之后，我对彩妆有了全面的了解和实践，我不仅接受了化妆的习惯，并且还发明了“的士化妆术”。我的化妆包里出现了睫毛膏、腮红，我已经可以在十分钟内为自己化一个淡妆，而且丝毫不会改变我的气质，反而使我显得更加精力充沛、愉悦。

我的老师 Lily 是一位化妆高手。她可不是我的同行，她是个典型的理科生，是美国发展与组织领域的一个权威。她每次从美国来，都会不怕辛苦地带着一大袋的化妆品，一大箱的衣服和书。她告诉我，在美国，

她每天花在梳妆台前的时光是两个小时，并且，她十分享受这段时光。有一次，她请我去她下榻的酒店谈话，我到那里之后，她竟然非常兴奋地对我说："玛亚，来，我帮你化妆。"那天谈话的内容已经在我心里渐渐淡去，但是她为我化妆、仔细涂眼影的情景却深刻清晰地浮现在我眼前。Lily 的助手 Susan 的眼影常常是 Lily 为她涂的，妆容真的很美。最近我们在韩国上课时见面，她从见面那天起就对我说："玛亚，我又想帮你化妆了……"我乖乖地坐在她的房间里，让她享受化妆的乐趣，我则享受着她给我的爱和做女人的美妙时光……

中国的女性是我见过的最不爱化妆的女性，以前我也在此列。因为工作的关系，我常常到香港，尽管深圳女孩的漂亮、年轻是全国出名的，但我发现香港的女孩好像比深圳的女孩还要漂亮、皮肤还要好，而且给人的感觉更加清洁、更加文雅。其中的差别其实就在于化妆与否。

对一个职业女性来说，一张化过妆的脸真的是一种职业操守，它会像工装，让人感到你是训练有素的。

我曾经在香港的地铁里看到一个女孩用整整半个小时来化妆，旁若无人，专心致志，周围的乘客显然司空见惯，无人注目。她所用的彩妆品五花八门，但是她下车时我却感到她只是化了个淡妆，却十分精致好看，让人感到她有份体面的好职业。对一个职业女性来说，一张化过妆的脸真的是一种职业操守，它会像工装，让人感到你是训练有素的。几年前我就写过一篇文章《脸部的职业道德》，来说服大家学会带妆上班。

现在，我很享受给自己化妆的过程。公司有大型活动和课程时，我可以自己完成美妆，无需等候化妆师的修饰。人们常常以为是公司的专业化妆老师帮我化的妆，这使我很开心，因为这说明我在这方面有了很大的进步。美丽是一生都需要学习成长的课程！

中国女性有一个传统观念就是化妆会伤害肌肤，她们最向往好皮肤、白皮肤，为了不让肌肤受伤就不化妆。事实上，不化妆并不会令肌肤好起来，正确到位的保养和化妆才会让肌肤看起来清新动人。现在的彩妆品已经非常注重不伤害肌肤，并且进行同步保养——一切在于你的选择。

一张化过妆的脸，给自己和给他人的感觉都会更加安心。你只要试过就会明白那种安心的感觉，你不必为自己脸上的任何瑕疵担忧他人的看法，观者也不必为你脸上裸呈的瑕疵付出怜悯、安慰的义务。你的妆容甚至代表你的涵养，代表你将自己隐私的一部分管理得当。

记得我在巴黎“福雄”食品店结账时，有位年过花甲的收银员实在让我惊艳不小，因为她的妆容使她所处的岗位成为一种意外的惊喜。老夫人身穿法国红的开司米卡丁衫，银灰色短卷发，金丝眼镜，经典的巴黎红色唇膏将唇部涂抹得轮廓精致、色泽饱满，灰蓝色的眼睛雍容地注视着你，伴随着好听的问候：“新年快乐！”在她的妆容里，我才真实体会到这家食品店为什么是摩纳哥公主和希腊船王喜欢光顾的地方。高贵的老夫人竟然促使我又去选了几罐茶叶、果酱，为的是再次站到结账的队伍里，于是老夫人认真地问我从哪里来……美丽的红唇夫人，仿佛是这家食品店宁静而又盈实的保证。

美妆课的目的是——让你像你！在气质上提升你！

化妆之后的脸，很能代表你本人的审美能力和处世态度。在欧洲，老夫人们的形象给了我很多直抵内心的教育，有的可以说是震撼，以至于我的同行者笑言我是追着老人家看的中国女人。

在我们的美妆课中，我们常常会看到一个人经过化妆后即刻容光焕

发。传统的说法是淡妆，用时尚界的话来说是化一个裸妆，这不是重点，重点是——学会为自己化妆。适合自己的妆容必须是量身定造的。我们常常在大型的演出活动中看到流水线作业似的妆容，许多你认识的人化妆之后都变得陌生了，因为那不是属于她自己的妆容。我们也常常看到很多人的婚纱照跟本人不太像，也是此因。不管浓淡，妆容都必须像本人，这个说法听起来蛮好笑、蛮多余的，实际上这并非容易的事情。

你的妆容甚至代表你的涵养，代表你将自己隐私的一部分管理得当。

不是每个遗憾都需要掩盖，不是每个长处都必须突出！不论在美妆课还是实际造型中，我都会因人而异作决定，由被设计者本人的气质定位和格调需求来决定，绝非只为让你的脸好看。美妆课的目的是——让你像你！在气质上提升你！

例如，如果被设计者的气质定位是知性的，她的嘴唇即使丰满诱人，也不应被强调，不能因小失大。一个人的形象是整体效果，只有把握住正确方向，才能看到迷人的好风景。当你愿意放弃一个影响全局的小优势时，你会发现它的牺牲会带来更有深度的信息，这信息是从形象中散发出来的吸引力，而不是用眼睛一望而知的要点。如果一个知性美人强调自己的丰唇，那么她绝对没法呈现出知性的耐人寻味，而当她放弃对丰唇的渲染时，对自己性感丰唇的不在意反而会为她的知性魅力添加分数（这个案例不代表真理，仍旧要因人而异）。如果一个人从事形象设计不是为了孤芳自赏，那就必须将观者的心理考虑进去，当然，这是一个真正的形象设计师应该做到的。

玛/亚/的/话

1. 胭脂膏可以产生不同凡响的自然效果，而且比粉状胭脂方便，不需要用胭脂扫。但是如果只用了散粉化底妆，就该用粉状胭脂了，我自己便是如此。
2. 韩国产的粉饼、粉底的确很细致。出于对化妆品成分的个人接受度，我不建议用 BB 霜做粉底。
3. 有时，我们需要的不是口红，而是一点光彩。如果你总是找不到最心仪的口红，可以尝试唇彩，会有立竿见影的效果。
4. 如果不是特殊场合，尽量不用闪闪烁烁的眼影和胭脂。
5. 找到一支使用顺手、清洗不难、热泪盈眶时也不脱色的睫毛膏，我就有一支。睫毛膏能使你的双眼瞬间改变，而且会使你更为自信地与他人进行目光交流。
6. 做一个愿意尝新的女人，能给人年轻、有活力的感觉。如果没有自己的设计师，多跟彩妆柜台可爱的化妆师聊聊，看她如何给别人化妆，如果看起来赏心悦目，就该跟她学学。心情愉悦地购买新产品。
7. 别忘了喷香水……

第三篇

管理你的衣橱
——每个女人的必修功课

{一}

整理衣橱前先要明白的事情

地球上的国家、种族如此之多，但是，有一种语言却是任何国家、种族都看得懂的，那就是服饰语言。不论你身处哪个国家、哪个城市，你的穿着总会透露出关于你的个人信息。除非你有意扰乱他人的观感，否则人们总是能够得到关于你是怎样一个人的认知。所以，我总是能够从一个人的衣橱认识一个人。

我见过很多衣橱，那些衣橱会告诉我它的主人的审美取向、价值观和品牌偏好，甚至会告诉我衣橱主人操持家务的风格……

> 衣橱整理可以发现一个人在犯些什么错误，错误就是你购买收藏了多少不适合自己的衣物，你保留了多少已经无法穿着的旧物，当然其中也包括“新的旧衣服”。

1. 为什么要做衣橱整理

中国人对衣物的处理有时很像对感情的处理方式，就是不去处理。不处理的衣物跟不处理的感情一样，会带来其他的问题。比如，不整理的饱满的衣橱会让主人对于买新衣服有罪恶感，因为自己已经有很多衣服了……然后重复犯错，周而复始。

整理衣橱可以发现一个人在犯些什么错误，错误就是你购买收藏了多少不适合自己的衣物，你保留了多少已经无法穿着的旧物，当然其中也包括“新的旧衣服”——这是最可怕的东西，很多人买了新衣服，却一直没穿，原因无非是买回来又觉得不合适了，或者没有遇到适合的场合穿……所以，没有穿过的衣服怎能丢掉呢？

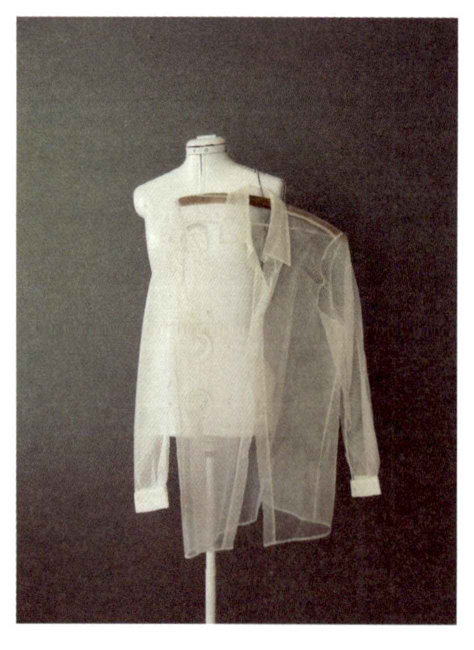

衣橱的空间就这样被大量不穿的衣服占据着，衣服的主人认为只要不丢掉这些衣服就不算浪费，殊不知，不清除闲置的衣服，你的衣橱就是没有生命力的衣橱。不穿的衣服是每个女人都要付出的学费，这笔学费付过之后，才能获得有魅力的、有生命力的衣橱。

做过衣橱整理之后，你就不会再往衣橱里添加同类收藏，因为你会清楚地意识到那是会被清理掉的。当你的衣橱未被整理时，你就会不自觉地重复犯错，潜意识里是想借着再次犯错来肯定从前买错的衣服是对的。

> 不穿的衣服是每个女人都要付出的学费，这笔学费付过之后，才能获得有魅力的、有生命力的衣橱。

所以，为什么要做衣橱整理就跟有病了要看病一样。没听说过病人自己给自己号脉的吧？所以，衣橱整理需要请专业人士来完成，没有人可以自己整理衣橱，甚至包括一些设计师自己也不行，因为人们对于自己衣橱里藏着的“宝贝”都有一大堆收藏理由。我在整理各种衣橱的过程中发现有三大类病症是最常见的：掩盖缺陷，自我局限，百变女郎。

掩盖缺陷

不能发现自己真正的优点，死盯着自己的“缺陷”不放是造成女性衣橱建构出错的重症。很多女性因为对自己身体某一处不满意，买了一大堆掩盖“缺陷”的衣服，而那些衣服其实根本不适合她。

我之所以会把“缺陷”二字打上引号，是因为那些不足之处实在被她们自己放大太多，甚至有时是因为家人的一句玩笑，或者是对别人身材的羡慕造成的落差。臀部太大、胳膊太粗、小腿不够细……这些都是女性最想掩盖的部位。为了掩盖一个部位，而造成整体的比例失调，整体形象的丧失。对这类衣橱的整理就像破了一道诅咒那样，将那些刻薄的谎言从衣橱当中清除掉，让青蛙变回王子，让野天鹅变回公主。

自我局限

被约束在某一个特性之中，不愿意扩大自己的审美视野和提升穿着境界是女性容易犯的另一个错误。有些女性接受了一些片面的指导和评价，于是以为自己只有那么一点点可以发扬的长处，比如，不断地买橙色的衣服，因为她被诊断橙色很适合自己；或者衣橱里尽是金属亮片点缀的裙子，因为她被诊断为戏剧型，很适合在穿着中展示金属感……

很多人都有愿意被归类的心理，但我认为，形象设计若不能扩大穿着的疆土就是不够全面和不够丰盛的。归类其实是一件容易的事，是一条方便操作的途径，但肯定不能表达被设计者的全部。成功的形象设计是要让被设计者走在一条宽阔的人道上，而不是独行在孤独的小路中。对这类衣橱的整理可以松开那些对自我形象的捆绑，客观地将衣橱的主人带到美好形象的开阔之地，做一次完完全全的扩张和提升。

形象设计若不能扩大穿着的疆土就是不够全面和不够丰盛的。归类其实是一件容易的事，是一条方便操作的途径，但肯定不能表达被设计者的全部。

百变女郎

衣橱里什么风格的服饰都有，是很多自身条件不错的女性容易出现的情况，到最后，她们自己都感到不堪重负，也摸不清到底应该让自己的形象朝哪个方向走了。不过，她们勇于尝试的性情里有值得嘉许的快乐和浪漫。这类衣橱当中，也有不少闲置的衣物是全新的或者几乎全新，有时你甚至可以用这类衣橱编辑一本最近十年衣着潮流大全，却看不到主人自己的追求和有个人灵魂的风格。这一类可爱的女性，很容易留恋某件衣服带来的故事，所以，衣橱也容易成为故事会……整理这类衣橱，可以让衣橱的主人从纷乱的世界中找到一条清晰的路径，让嘈杂归于宁静，并发出真正属于自己的美妙声音。

还有一类是荒芜型衣橱，就是衣服少得可怜，不过这类衣橱的主人后来会变得很得意，她们会在新衣橱建构起来之后很欣慰地说：“我花错的钱最少。”但是她们付出了时间的代价，想想她们同时也荒废了多少本该美丽的岁月……

衣橱整理，是一个祝福，是帮助你结束不该再犯的错误，并且找回原本就该属于你的美丽。

2. 什么衣服是要丢掉的

所有过时的质地

不论新旧，那些过时的化纤质地，曾经很流行的时髦面料，当年越时髦如今就越显得过时。这些面料都会让你变得跟不上时代。

所有关于愉快记忆或不愉快记忆的衣物

那些因为买它而吵过架、生过气的，在最伤心的那天穿过的……那些穿着时发生过非常愉快的事情、玩得很尽兴的某一天的着装……它们都过去了，你的明天还会有很多开心时刻，陈旧的衣服不会升值，珍贵的是记忆。

所有小时候买不起、长大后买来作为弥补的衣物

我知道一个品牌，他们专门设计“老去的女孩”穿的衣服，尺码是成年人的，但是款式是小少女的……很多女人因为童年梦想的落空而去买一些不适合自己年龄身份的衣服，买回来又不穿（可见穿着效果不是

很好）。人生的梦想很多，不要抓住从前的遗憾不放，造成新的遗憾。

所有已经污损的衣物

不管多么价值不菲的衣物，只要上面有污渍，无法再处理干净，这件衣服就不应该再保留。

所有没穿过的新衣以及过去的一年都没穿过的衣服

因为你以后也绝对不会穿它们的，把它们送给适合的人吧。还有那些只穿过一两次就被打入冷宫的衣物，相信我吧，你不会在某一天又重新爱上它们的。

所有不适合现在年龄、身份的衣物

除非你有一个女儿，你有把握她会长得跟你一样，你才有必要保留一些“从前的好衣物”——我觉得，除非是英格兰的 Toggle 羊毛外套之类，否则还是别留了。至于不适合你现在身份的衣服，如果是拥有美好故事的，就请你来我们公司，将它的故事讲给我们听，然后与它告别吧！我们曾用一个下午茶时间，以唱一首老歌、讲一件旧衣服的故事来帮助女人们告别往事，重新启程……当你满怀感情讲完那个故事之后，就可以与它告别了，它已经完成了它所有的价值。

所有买来玩玩、又不再佩戴的假首饰、丝巾等佩饰

我发现很多女性的衣橱里还像百宝箱，里面塞满了旅行时买来的廉价首饰和围巾帽子之类的配饰……我倒是很欣赏一位客人，她去国外旅

行时什么纪念品都不买，只买了一件非常好看的昂贵的皮衣！

所有穿着痛苦、鞋跟倾斜、鞋头过时（过尖、过方）、颜色和点缀物俗艳、鞋面刮花磨损的鞋

穿这样的鞋会使你像个活得落魄和坎坷的人……

3. 不要在浪费中节约

如果你想买一件便宜衣服，它必须看起来很贵。如果你想买一件很贵的衣服，它必须物有所值。

不整理的衣橱，不仅浪费了金钱、空间，还浪费了自己的美好形象，很多人却拿节约做借口，在浪费中节约。关于在浪费中节约的定义还包括：买了新衣不穿，买了新包不拎。在购入新衣服、新包的时候，你要考虑是针对你的当下买的，哪怕它们是经典款，也绝不应该拿不怕过时做借口将它们“封杀”在家里，因为适合你的新衣物会在使用中带给你益处和形象、心态的成长，是你不穿不用就绝不会得到的。对时尚的认知和积累是在与时尚同行的日子里建立起来的，气质中的时尚感觉也必须是在使用中沉淀的……任何时候，一定要享受每一天，享受生命，活出今天的美！

最好的心态就是，结束在浪费中节约的情况，把浪费的时间和财物当成必交的学费，没有什么是不付出代价就可以成就的。你应该感到很幸运——还好，我现在可以结束这种局面，不必继续下去。

玛／亚／的／话

1. 彻底地分手，才会真正拥有崭新的爱情——跟旧衣服的关系也是如此。
2. 别在旅游景点买衣服、帽子、首饰之类的纪念品。花时间多拍几张照片吧。
3. 不要轻信女伴或者时尚达人的建议而买衣服，除非她是一个好的形象设计师。
4. 不要买不合脚的名牌打折鞋，也不要买“如果有个化装晚会我就可以穿”的衣服。
5. 如果你想买一件便宜衣服，它必须看起来很贵。如果你想买一件很贵的衣服，它必须物有所值。
6. 整理衣橱的时候，可以保留家人赠送的爱心礼品，即使它们不适合你。
7. 看着空出来的衣橱，不要心疼，要开心——你要升级了！恭喜自己拉开了精彩的帷幕吧。

{二}

衣橱里的经典收藏

我曾经给一位很成功的女士做衣橱整理，全部整理完之后，我对同去的设计师们说，这个衣橱只需要留下一件衣服，就是那件藏青色的羊绒长大衣。

当然，我没有真正这么做，假如真的可以那样做，那是多么酷、多么震撼而又正确的事啊！幸运的是，这位女士在新的衣橱建立起来之后，就再也没穿过从前手下留情留下的那些衣服了。我把手下留情的衣服称为过渡期着装，在这个时期，新的衣服还没有到位，旧的衣服还需要心理调适后告别……

我有信心的是，每当新的衣橱建立起来，衣橱的主人不用我解释，就不会再穿那些她“挽救”下来的衣服了，很显然，新的衣橱让她看见了自己全方位的美丽，看到了自己真正该穿的衣服。

整理衣橱其实是一次心理战，每当你淘汰一件，你就会遇到反驳或者提问：“这个也要丢掉吗？它很贵呀，我都没穿过几次……”为什么没穿过几次？这正是不适合的最好证据。但是，不必心急，只要新衣橱建立起来，衣橱主人自己就会去处理的……

1. 你需要忠心的——经典款式（衣橱主干）

我最喜欢的电影镜头就是，一个聪慧美丽的女人，上一分钟还穿着睡衣在家闲荡，然后接听突来的电话，后一分钟已经打开衣橱，不假思索地拿出衣服，穿上身，出门；下一个镜头就是她醒日得体地站在街边，招手拦住了刚好路过的出租车，什么也没有耽误……似乎这样的女子应付一切都会得心应手。

打开你的衣橱，你最需要的会是什么？是随手拿出来穿都不会出错的衣服。

打开你的衣橱，你最需要的会是什么？是随手拿出来穿都不会出错的衣服。你有几件这样的衣服？春、夏、秋、冬，在每个季节，你有几件这样信手拈来就可以让你体面地应付自如的着装？如果没有，这就是你应该建立新衣橱的理由！

你不会愿意把穿衣服当成一门苦思冥想的修行，如果你觉得每次出门，穿衣都是一件头疼的事，这正是你应该建立新衣橱的理由！

如果你面对衣橱，觉得虽然选择很多，却举棋不定，说明你没有能够信手拈来、不会出错的架构着装——这就是衣橱里的主干，通俗一点说，就是经典基本款。

看到这里，很多女士会聪明地领悟道：“我知道，就是小黑裙！”

不！

我要说“不”的原因是：小黑裙的功用被过于夸大了。实际上，对

于不适合穿小黑裙的女性来说，小黑裙会使她显得很平庸。亲爱的，别忘记，衣橱需要的是属于你的经典基本款！就是你可以演绎得最精彩的基本款。不论你身处职场还是赋闲家中，都应该有与之相应的经典基本款。

> 衣橱需要的是属于你的经典基本款！就是你可以演绎得最精彩的基本款。不论你身处职场还是赋闲家中，都应该有与之相应的经典基本款。

我认识一位护士长，她的个头较矮，但她是我见过的穿套装得分最高的女士，尤其当我看过她穿便服之后，我更加肯定地对她说："亲爱的，我真喜欢看你能穿套装。"她有十分有力的眼神，语调抑扬顿挫，手势很坚定，头发齐耳，像杰奎琳一样茂盛浓黑……这一切，与套装、高跟鞋相配时，显出了她全部的魅力和优势，而且让她显得高了许多。一个人看上去高与矮，其实也是可以根据风格来调整的。套装增加了这位护士长的分量感，自然使她显得

高了许多，正如风格的调整会使壮硕的女性显得秀气端庄一样。

可惜的是，这位“套装冠军”竟然把头发留长了，穿起了休闲鞋，因为她羡慕别人的飘飘长发……我尽快阻止了她的想法，幸好，她接受了建议，保住了“冠军”位子。如果她每天都为自己是套装冠军而感恩喜乐的话，她一定不会冒出留长发的想法的，当你已经看到了自己的美丽，请记得每天为此欢喜吧，你真的很幸运。

我身边还有一位女友，她穿经典男版棉衬衣和铅笔裙十分好看，因为她的身材、气质和发型把这两样单品衬托得十分美丽，尤其是她深色的肌肤使她可以穿一些彩色条纹的衬衣，除去了衬衣的沉闷，显得完全无龄；而她成熟的体形使得最普通的铅笔裙充满了含蓄耐看的女人味……我不止一次地赞美她穿出了衬衣和铅笔裙的最高分！

可是，你知道，女人都非常关注他人的美丽……于是，这位衬衣最高分得主开始尝试女人味的丝绸女版衬衣和 Aline 千鸟格摆裙，结果就是：增加了十岁的年龄，就像个英国乡村的老太太……令我在一旁暗叹。女人味的添加，不会给每个女人加分，对于不能再增添女人味的女人，女人味只会使她即刻老去，这真的不是耸人听闻。

戴安 · 基顿是好莱坞真正的常青树，在这几年的年老女人恋情片里，她是最有票房号召力的女主角，跟她年龄相仿的女演员没有人比她显得更年轻、更有魅力。戴安 · 基顿不仅未整形，还一直保持从年轻时就找到的自我风格：短发、衬衣、职业套装。在隆重的红地毯上她仍旧延续此风格，只是将个人风格变为升级版——燕尾服、蝴蝶领结、反串男装，有什么不可以？她一直未婚，但是爱上她的男演员都是好莱坞的万人迷……

> 女人味的添加，不会给每个女人加分，对于不能再增添女人味的女人，女人味只会使她即刻老去，这真的不是耸人听闻。

她简洁利落的风格使得她保持着超越同龄人的年轻好状态。我们都在《教父》里见过戴安 · 基顿淑女装的扮相，很明显，当她穿此类装束时，她看起来相貌平平，没有什么特别吸引力。我想戴安自己早就发现了这一点，所以后来她一直坚持做“衬衣冠军”，与她率性、幽默、真挚的天性很吻合，这才显出了她独特的美丽和魅力。

戴安 · 基顿更加了不起的是：她将自己的风格经营得很好，坚持得很好，从而变得无法超越和模仿！从戴安的身上，我们看到坚持自己最好的个人风格是最具挑战性的，因为这要求你在不可重复的基础上常常改变和更新。

1

2

1. 戴安·基顿（右）
2. 雪儿

有一个反例，我真不想说她的名字，因为我曾经很喜爱她的模样，可是很遗憾的是，整形使她失去了原有的独特魅力，而她过于渲染女性特征的性感扮相反而使她呈现老态。她和戴安·基顿都是1946年出生，比戴安·基顿还小四个月，但是，很显然，她没有戴安·基顿从内里散发出来的不老青春……最近我刚好看了她们俩拍的影片《滑稽表演》《早间主播》，她们在影片中出演角色的风格可以说都很本色，所以是很有说服力的个人风格比较。如果有兴趣看看，我想很多人都会愿意选择在自己六十多岁时能够更像戴安·基顿。

一定要牢记，促使你想要模仿的穿着，不是因为那件衣服好看，而是那件衣服的主人使衣服好看！

尝试不适合自己的，都是贪恋别人的美丽所致。一定要牢记：促使你想要模仿的穿着，不是因为那件衣服好看，而是那件衣服的主人使衣服好看！即使你比那个女人年轻漂亮也不说明你会比她穿得更加好看。

三十五岁以上的女士，如果找到了最适合自己的单品，请坚持！你也许会说，总是穿得一样，不会闷吗？怎么会！就以铅笔裙为例，每一年都有变化，每一年都有新的搭配……如果我是上文提到的那位女士，我会让自己拥有四十条四季铅笔裙，衣橱里总有三件衬衣是新的。

你是否拥有最适合你的衣橱主干，有一个最好的检测方法就是：

第一，你的每种经典基本款完全可以互相搭配。

第二，你的衣橱主干会使你出席任何陌生场合时（不知道其他人怎么穿，不知道场面到底有多大）显得优雅得体，并且使你感到自在，还使得他人对你微笑。

在一个陌生环境中，如果很多人对你频频微笑、点头招呼，你的衣着一定不仅没穿错，还让人产生好感，人人都想认识你。穿得过了头的人会让人注目，但是少有人会露出笑容。穿得不够场面级别的，你会感觉自己就像透明人，没人会看你。

所有感觉没衣服穿、出门难的人都是因为没有建立衣橱主干。衣橱主干是好品质、高尚、雅致、简约、得体的代名词。

不要误会，主干服饰并非都是价值不菲的，实际上，当你找到属于自己的“冠军位子”时，你买的主干服饰绝对可以在你身上升值，就像我在上文提及的两位“冠军”，当她们穿上主干衣饰时，那些衣服真的看起来价值不菲，而实际上并非件件如此，是她们自身与衣服之间的和谐美丽产生了价值感。而那条英国老太太式的千鸟格摆裙，因为不适合“铅笔裙冠军”，看上去就像网购的便宜商品，一点儿不像出自大牌旗下。所以，穿属于自己的服饰，才会显现出价值感。

2. 还要惊艳的——礼服和晚装（衣橱光芒）

你是否请密友看过你的衣橱？在打开衣橱时，那件立即被友人发现、惊叹的像池塘浮萍一样幽绿的丝绒小礼服，那件洁白精美的欧根纱衬衣，还有那件跟莫奈的印象画一样美的复古圆裙，那件大于360度的大摆连身裙……这些惊艳之作，是你每次打开衣橱都会感到自己非常富有、幸福的原因！这就是你衣橱里靓丽的光芒。但是亲爱的，仍旧要记住——必须是只属于你的光芒！

衣橱里的光芒，是让女人获得掌声的赞美之作！每个爱美的女人都渴望赢得喝彩的时刻。这些靓丽的服饰自然也是由女性本人的气质定位和个人风格来决定。

在建立衣橱主干时，其实你的光芒已经慢慢浮出水面，因为你的主干服饰会让你更加了解自己的风格和优势。

这些惊艳的精品，一定要物有所值，所以必须是浪漫、合理、高贵、有突破却绝不夸张的惊艳之作！只有这样的精品才会每一次都令人艳羡、赞美。夸张的衣服还是留给只想穿一次的人吧，或者留给红地毯上的明星。我见过一些女性，衣橱里有不少曳地晚礼服，抹胸式、吊带式、单肩式，上面钉满了珠片、玻璃管……这些名副其实的晚装，虽然名副其实，但都不会是属于自己的光芒，因为那些款式是毫无个人特质的行货。衣橱里的惊艳之作应该是唯有你才能穿出的光芒。当人们看到你的光芒时，不会有一丝想要模仿的意念，因为那就是你的，不可替代，

> 当人们看到你的光芒时，不会有一丝想要模仿的意念，因为那就是你的，不可替代，唯有你能够驾驭！这才是该属于你的惊艳之作。

唯有你能够驾驭！这才是该属于你的惊艳之作。

最适合的颜色 + 最适合的特殊面料 + 最精到的剪裁 + 最具独特气质的风格语言 = 你的个人光芒。

我曾经为一位女士寻找到一件惊艳之作，从色彩上来说是她得分最高的颜色，面料也是经久不衰的上好丝绸，图案是典雅别致的经典图案……当她穿上身之后，我们都发现她穿着的效果比起品牌广告册上模特的穿着效果还要精彩。

我在心中假设了好几个其他的女人穿这条裙子，比如，比她年轻的、比她白皙的、比她漂亮的……但是我知道都不会比她穿着的效果好，所以，我很肯定地告诉她应该买下这条裙子，因为一个人能够遇到一条一百分甚至超过一百分的裙子的机会真的不多。如今，她每次穿上这条裙子，仍旧充满了感动，这条裙子带来的美丽不同一般。

在做风格测试的时候，我们会为被设计者测试出最“光芒”的色彩、面料、配饰材质，就是为寻找惊艳之作做准备的。

3. 在家里也要赏心悦目——不可忽视的居家服

每个人的生活场景都不会一样，第一类衣橱主干里其实已经包括了许多场景，都是表达正式的角色扮演。第二类是重大的场景，是隆重的角色扮演。第三类主要是居家服饰和休闲运动服饰。很多居家的女性都把旧衣服当成居家服和运动服来穿，这样做不是完全不可以，但是没有风格，缺乏气质！难道居家和运动就不需要赏心悦目了吗？

我曾经有一位客人，是拥有名犬、名楼、名车，全职在家的太太，但是她在家的穿着就是起了球的 T 恤 + 牛仔短裤或者七分牛仔裤。我为她做衣橱整理的时候，发现她把高级休闲服饰错误地归类到高级社交服饰中，所以我建议她选择正确的一部分高级休闲装留作居家时用，另外添加高级社交服饰。她是一个爱家的好太太，我对她说：“亲爱的，你的丈夫辛勤地赚钱给你和孩子，不是为了回来看见自己的爱人永远穿着 T 恤加牛仔裤的。你说他很忙，那么你是否应该在他看见你时穿得更有质量？”冰雪聪明的她完全接受了我的建议……

不要拿勤俭持家做借口，让自己总是保持美好、清新的状态才是持家之道，假如丈夫对你的爱意都快被你自己熄灭了，你还哪有家可持？

我们都知道，职场女性的魅力和着装肯定会和居家女性有很大的区别，如果全职太太在家里的形象显得懒散、邋遢、陈旧、退化……说实话，你是在给自己制造婚姻的破口！不要拿勤俭持家做借口，让自己总是保持美好、清新的状态才是持家之道，假如丈夫对你的爱意都快被你自己熄灭了，你还哪有家可持？要知道丈夫每天在外看到的是利落整洁的知性美人，回到家看见的却是松散的居家妇人，会是什么感受？对全职太太来说，家庭就是她的职场，家庭就是她的公司，在这个职场上她一定要有好形象，让丈夫感觉为她、为家奋斗是多么值得，也让丈夫感到自己在家里是多么珍贵，因为太太的着装就表明了这个态度。

我们一定要区分慵懒的美感与懒散邋遢是两回事，居家服如果又旧又过时，给人的感觉是被社会淘汰、已经out了。在家更应该有得体形象，才能保持竞争力和时代感，这个习惯非常重要。我在台湾时，看见许多居家的台湾女性一早起来就会细细化妆，化完妆才开始做早餐，家里的男士们看见主妇的脸都是精致美观的。

有一次，公司最年轻的设计师Win晚上来家里送样衣给我修改，她见到我的第一句话是："玛亚老师，你穿得好像一个作家呀！"那天我的居家服是最普通的，洗得有点发白的橄榄绿灯芯绒裤、咖啡色衬衣，外面罩一件中灰色卡丁衫，凉席包脚拖鞋。

还有一次，我的先生突然对我说："亲爱的，你真好看，这件白衬衣是什么时候买的？"其实我穿的是一件长及膝盖的直身白衬衣，前襟有五道风琴褶，很薄，已经旧了。在我准备把它和其他旧衣服送到小区的旧衣回收站时，突然有了一个灵感，用它跟一条黑色的裤袜相配，作为居家服，并在衬衣里面配了一件黑色紧身抹胸。由于我平时从未将裤袜穿在外面，只是当保暖内衣穿，所以给了先生新鲜感。他说我这样打扮很像一个芭蕾舞者——他的感觉跟我当时的灵感一模一样。

现在，我的居家造型常常就是舞蹈者或作家的闲暇形象，因为我很小的时候就想当一个跳《天鹅湖》的芭蕾舞者，而我未来的理想是成为一个从事严肃写作的作家——不是说想要成为什么样的人就得先穿成什么样吗？写到这里，我幸福地笑了。

4. 完美体现在细节上——配饰

鞋、首饰、丝巾、帽子、眼镜、手表等等这些配饰同样是衣橱整理的范畴，因为在新的衣橱建立起来之后，你的所有细节都需要重新搭配，重新被管理起来，每一样都需要拍照、建立档案和搭配备忘录。

在风格测试中，你已经了解了你适合怎样的首饰，所以整理首饰盒的工作会使你知道你还需要添加哪些最适合你的首饰品类。

我会分年龄段来检查一个人的首饰和装饰物是否符合要求，同时也积极地做些调整。之所以说积极，是因为人的年龄都是往前走的，要让人提前做好预备。

15 ~ 22岁

应该拥有一些有纪念意义的首饰，比如父母在成人礼时赠送的项链、戒指，还有生日时收到的手表、手环。这一类首饰和装饰物不能有贵重的感觉，因为不符合正当青春的清纯甜美感，要凸显自己的被宠爱和趣致。比如字母、爱心、卡通的吊坠，可以是钢质的也可以是银质的，项链材质

15 ~ 22 岁的搭配饰品

可以是皮质、绳饰的，即使是黄金、白金材质的，也必须非常的纤细，才能显出这个年龄段该有的纯洁之美。

手表可以是潜水表、卡通表、运动表。眼镜框最好是塑胶的、亚力克类材质的。用棉和羊毛的围巾。包可以是帆布类、原色厚牛皮类、防

15 ~ 22 岁的搭配饰品

水布类的。

在什么年纪就享受和表现这个年纪的美，每个人都不要走到当下祝福的前面，应该在这个阶段就领受这个阶段的祝福。

在什么年纪就享受和表现这个年纪的美，每个人都不要走到当下祝福的前面，应该在这个阶段就领受这个阶段的祝福。

23 ~ 30岁

这是体现你的才华、能力和努力的阶段，表达出你的知性、清洁、正派很重要。

你应该拥有一两件款式简约大方，都市感、现代感都很强的首饰，质地绝不能粗糙，但也绝不能华丽，比如蒂凡尼的银链，或者其他的K金项链、手链等配饰。建议选择知名的品牌，因为他们的设计中往往会多些经典、别致的款式。结婚戒指和纪念品也可以朝这个方向来选择。有一点你会发现，你永远不会为自己作出的简单抉择后悔。要注意的是不要戴那些看起来没有底气的水晶或木珠类的手链，这会破坏你的知性气质，也会给你的形象带来局限。

有一点你会发现，你永远不会为自己作出的简单抉择后悔。

为什么说这些配饰没有底气呢？很多人都知道卖水晶的商家借助黄晶旺财、粉晶招情等等一系列的说法来做生意，所以这些装饰品都是让人看到你的缺乏、看到你的软弱之处的细节。一个年轻有为的形象是不可以被这些细节打败的。

在这类首饰中，十字架项链除外。我们知道整个欧洲的文明史都是建立在一本《圣经》的基础之上，十字架也早已成为最为国际化的文化标识之一，这是一个不争的事实。像蒂凡尼这样著名的品牌每一季都会有经典的十字架设计作品发布。在做风格测试时，我们会用不同材质和色调的十字架项链给客人们做测试，测试的结果很奇妙，我发现每个人戴上十字架项链的形象都是加分的，都会显出某种清洁、神圣、脱俗、国际化的风格。从这个测试结果里我深刻地领会到每一样配饰背后的文化深深地影响着一个人的形象，成与败有时就是来自一个细节。

23～30岁的搭配饰品

手表在这个时期很重要，在此年龄段，如果你只能选择一样配饰的话，我会建议你选择手表，比如中性一些的防水钢带表是这个年龄段的最佳选择，很中性，很都市，也很时尚。这是一个建立职场形象的关键阶段，守时、有效率的形象能够博得很大加分。

我在香港海港城认识一位二十几岁的女服务生，她手腕上戴了一块很大的手表，非常酷，与她服务的品牌形象倒是蛮贴合的，因为那也是欧洲一个很酷的品牌。她告诉我那块手表是她花了四万多港币买的。我看到她全身也就那一块手表做装饰，没有其他配饰，很是赞赏。我也发现香港很多店员都会戴一块很棒的手表，这个“棒”的意思是说，所选手表与他们各自的个性气质以及他们服务的品牌大多很吻合，更加衬托了他们勤奋的工作状态和敬业、时尚的形象。

选择质感好的丝巾、职业感强的有形拎包，而不是软塌塌的大包包。除了亚力克眼镜框，你还可以选择钛金框，但是还不到选择金边眼镜的时候。

31 ~ 37 岁

随着成熟的来临，首饰也可以相应地体现出生命的丰盛。可以佩戴有价值感的首饰，比如钻石，但是不宜过大，宁可一小粒真钻石，好过一堆水钻和假钻。吊坠也可以出现适合自己色系的宝石，也不宜大，除非你想显得比自己的实际年龄大。

这个阶段你可以恰当地选择拥有一些名牌了，但是必须是适合你的，仍然要注意适可而止。节制地使用名牌是一种修养。

你也可以使用金边眼镜了，但是必须是适合你的。皮质的表带比较

31 ~ 37 岁的搭配饰品

适合这个年龄段，但不是说其他的材质你就不能用，设计师会在风格测试之后帮你作好选择。

38 ~ 45 岁

应该有与自己的着装色系相配的不同的首饰。珍珠是这个阶段最能出彩的配饰之一，要注意选择适合自己的珠粒大小、色泽和形状。

38 ~ 45 岁的搭配饰品

应该有与不同场合着装完全协调搭配的各类拎包和眼镜。总之，这个阶段你的形象应该是日益完整的，要让人看出你的练达、你的教养、你的品位。

你可以开始用爱马仕丝巾、万宝龙的钢笔、卡地亚的笔记本，你的细节应该精致而又耐品。

38 ~ 45 岁的搭配饰品

46 ~ 53岁

你的身上重新开始看不到品牌的痕迹，却显得十分的高贵。每样配饰看起来都应该是贵重的，你已经可以开始戴大颗的钻石、宝石，以及很有创意的高级艺术类戒指。

一切配饰都须在精工、精良、上乘的基础上选择。

46 ~ 53岁的搭配饰品

54 ~ 61岁

你可以驾驭夸张的首饰，色彩、图案夸张的丝巾、披肩，在你身上都有可能显出不一般的气势和气质。那些缀满了碎钻的手表、大颗的珍珠最为适合此时的你。

54 ~ 61 岁的搭配饰品

61 岁以后

你可以一只手戴上三个戒指，没有哪个年龄段比此时更适合戴珠宝了，而且会越打扮越精彩，人人都将因你而为之振奋。

61 岁以后的搭配饰品

{三}

别把品牌当成品位

> “优雅是一种放弃”，放弃抢眼的色彩，放弃夸张的造型，放弃出风头，放弃自夸，放弃炫耀，甚至要放弃刻意地表达，达到让随意与优雅成为习惯……

在我的品位课堂里，有一堂课“点击率”是最高的，就是“品牌鉴赏与品位人生”。

多年前，我讲的第一堂课其实是“优雅”，现在想来可笑，优雅是无法让人讲解的，可是有人请我讲，我竟然就讲了……后来一直有人要我去讲品牌，我坚持不肯讲，因为我知道很多人都在讲品牌，而这是我最不爱讲的，即使在优雅课里，我也不肯涉及品牌。当时，我记得自己给优雅的定位是：“优雅是一种放弃”，放弃抢眼的色彩，放弃夸张的造型，放弃出风头，放弃自夸，放弃炫耀，甚至要放弃刻意地表达，达到让随意与优雅成为习惯……所以，我不会用品牌的炫目去塑造优雅，因为优雅是——你不知道她穿的是什么，但是你能明确感受到她的优雅。

我有一次遇到一位参加过选美比赛的获奖女孩，她非要我说出我最喜欢购买的品牌。我说我不知道，因为我不会固定购买哪个品牌，因为品牌每一季都有可能与上一季给你的感受不一样……但是她坚持要我回答。我很害怕这样的提问，因为我喜欢的品牌是它拥有使我尊重的历史、情怀、智慧，这才是属于时尚的永恒骄傲。即使是品牌，它们跟我的穿着心理、心情和需要还是有差距的，我灵感乍现的某种造型常常在实际品牌中找不到，这也许是我要自己设计衣服的原因。

我很害怕成为品牌引导，因为我不知道听者是否真的适合，而她们是特别“敏锐”的。我曾经发现我的许多听众突然都有了爱马仕丝巾、菲拉格慕的高跟鞋，但是她们作选择的时候明显存在错误……其实，每一季都有不少别致的丝巾出现，在爱马仕的产品中不一定就能找到适合你的；每一季都有美丽的高跟鞋，鞋子和气质的契合同样是非常重要的。

> 我盼望愿意分享品牌智慧的人领受的是一个品牌里积淀的人文情怀和对美的追求，那才是创造风格时真正有表达能力的服饰语言。

我也经常接到一些电话，是朋友，或者朋友的朋友打来的，向我咨询购物，但是他们问得最多的是某个广告大片里的某样物品在哪里买最好……我告诉他们，我从来不想花时间在哪个国家的大百货公司逛个没完，我更喜欢走街串巷，因为平时的工作有太多时间花在香港的品牌店里。

就这样，我带着一种逆反心理、一种批判精神开始讲品牌课。最初是一个面临低谷的大企业请我去讲品牌课，我被他们特殊的要求所吸引，因为他们希望知道很多大品牌是怎样东山再起的。实际上，大品牌都经历过低潮，重新崛起也是最能考验一个品牌的文化底蕴的。当然，也有一些品牌已经完全丧失了自己的底蕴，或者说他们自己的文化早就打垮了自己，文化也非它们的核心竞争力，现在存留的不过是成功的商业模式里眼熟能详的LOGO，在我看来真的不是物有所值的品牌。我盼望愿意分享品牌智慧的人领受的是一个品牌里积淀的人文情怀和对美的追求，那才是创造风格时真正有表达能力的服饰语言。我看到，那些有所坚持的品牌，才是真正能够产生动人作品的品牌。

什么是真正的大师？

我在20世纪90年代就开始撰写巴兰西亚加，到了本世纪初，当我再次写他时，曾经上网去搜索关于他的资料，看看有什么是自己还不够了解的，但是我发现搜索出来的都是自己的文章。这真是，冷。我认识一个清华大学时装设计系毕业的设计师，我问她如何看待巴兰西亚加？她说没听说过这个人……我当时觉得很孤独，我想我喜欢的时尚可能是不流行的时尚吧。直到近几年，才看到杂志上郑重地介绍过他，这位真正的大师。

现在人们动辄称人为大师，这真是很有意思的事。在我心里，只有那些给人带来启迪、对这个领域有重大

巴兰西亚加

贡献的人，才能被称为大师——不是只有天赋。从事这一行的，谁能没有一点天赋？但巴兰西亚加是以后无来者的姿态为时尚史做出了比时尚史记载得还多的贡献。他启迪了一代被我们称为大师的大师们，他是大师们的大师，即使当今最骄傲的设计师也无法否认。

能够认识巴兰西亚加，可以让自己体会到什么是真正的设计，什么是真正的时装，它们应该是隽永的，无论何时看到都能激起你永不厌倦的情感……我欣赏他关于时装的一句话："真正的时装像一根线条。"遗憾的是，"巴兰西亚加"这个品牌现在已经完全脱离巴兰西亚加的道路了。

所以，当你不能够拥有广告大片里的心爱之物时，你要清楚你只是喜欢那件时髦物品。你需要知道那件时髦之物到底会否让你变得好看。

我们看得太多的是添加物设计方式，就是在各处加上一些不属于面料的赘物，让你觉得是一件颇费周章的设计。我最常听到的问题就是："这件衣服上面什么都没有，会好看吗？"我听到最多的要求就是："我喜欢特别的东西。"而"特别"和"好看"早被重新定义过了。——我想，那两个问题如果改成"我想要做一个特别而又好看的人"，这才算是表达了你真正想要的。

前面谈到杰奎琳·肯尼迪时，我没有把她的姓名全称写出来的原因，是因为她的品位和优雅并未体现在杰奎琳·奥纳西斯时期。我们只要对她在两段婚姻里的气质与着装多加欣赏和对比，就能发现两个时期的不同。当杰奎琳可以毫不顾忌地购买一切时，她身上的品牌分辨力也强烈了许多，我们很容易找到一些她从前不用的品牌，无疑，那些品牌也损害了她一贯的形象……直至她不再拥有"奥纳西斯夫人"这个身份、回

杰奎琳

到美国之后，她优美的自我风格才再次从她身上浮现出来。所以，当你不能够拥有广告大片里的心爱之物时，你要清楚你只是喜欢那件时髦物品。你需要知道那件时髦之物到底会否让你变得好看。

我曾经看到一张黑白照片，是杰奎琳在自己四十岁生日的清晨，与奥纳西斯刚从酒吧走出来的情景。一夜的狂欢之后，身穿过膝短裙的杰奎琳只剩下一副带着笑容的躯壳，她优美的气质和姿态都荡然无存，那条花裙子也真不像她衣柜里该有的服饰……我看着那张照片，没有年华已去的感叹，倒是有此情不再的痛惜，她的样子不再能激起别人的爱慕和想象了。有时，强大的购买力绝对是正确选择的一种障碍。

{四}

别让包包成为你的身份证

有一点是安娜·温托女士让我欣赏的，就是她从来不拎包，这虽然或多或少是一种高傲的表示，但更多的是她不愿意因为一个拎包而被人定义自己的风格和审美取向，她宁可留下神秘的想象空间给观看她的人。因为任何价值不菲的包和价廉物美的包都可能恰当地表达一个人的形象，但是人们却常常会将其价格与这个人联系起来……从安娜·温托的身份来考虑，这是她对自我形象做得最精彩的一点。

我非常同意这句话：“对时尚本身伤害最大的就是时尚配件。”

安娜·温托（左）

尤其是包。我太有体会了，在为客人做造型的时候，包几乎是每个人最为关心的，所以也使得我为此费了不少工夫，与其让她们自己再去买错，还不如帮她们多作对的选择。

关于包，我自己被提问最多的问题是：“好好看哟，这是什么牌子的？”“哇，质地真好，很贵吧？”没有人知道我的包是什么牌子，但是我的包都不昂贵。我喜欢的包必须满足以下条件：像我的东西，看不到LOGO和出处！我还在读书的时候，就自己缝制过包包了。现在想来，那些用粗条灯芯绒缝制的无扣带邮差包还真别致。

对每个人来说，包首先得像她的东西，其次，包还得为她的形象带来价值感，最后，每种生活场景所需要的包都要得体。

不少人总是指定一个品牌请我去为她选择拎包，她们始终是为了某个品牌买包，而不是为了自己的形象。对每个人来说，包首先得像她的东西，其次，包还得为她的形象带来价值感，最后，每种生活场景所需要的包都要得体。

我也曾经喜欢过爱马仕的包，我喜欢它的故事和年代感，我喜欢老爱马仕先生离不开他的手工台的习惯，也喜欢他家对马的热爱……我的先生多次要送我爱马仕包，我都十分犹豫，因为我在心里设想着自己的形象，在设想中，我会想起太多人拎爱马仕包时的形象……最后，我认为我不需要一个如此明确的“身份”包。我见过太多维多利亚拿爱马仕包的照片，也见过米兰站橱窗里越排越多的爱马仕包，更见过超市里拿着橙色赝品爱马仕包的女孩……我已经很确定它不像我的东西了。

我喜欢别人看见我的包时，不知它从何而来的惊奇。而且很有趣的是，我还从没有发生过撞包事件……我很感谢我的包包们的设计师，我想他们一定有着非常淡定独特的思维和审美，因为他们做的从没有重复过，也不多，也许，他们知道找得到这些真正独特包包的人实在不多。感谢上帝！这一切，正中我的下怀。

我并没有这样的意思：品牌包都不好。

无法小瞧包，这是个注重包的时代。

我不愿意讲任何规则，当我看见你，关于你的规则才会产生，因为你和你的包都是属于你的秘密。

我的建议是：一定别让包成为你的身份证。所谓魅力，就是让人忍不住猜测你的身份，让人花时间来想象你……因为有些包就像身份证一样，难道你见过将同一张身份证分发给很多人用的事吗？

成为魅力和神秘的主人，而不是一个又一个包的主人。

好，写到这里，如果不写下一些方法，编辑最后还是会要求加入的。感谢上帝，让我遇到如今的编辑。我曾经遇到一个主动来约稿的编辑，一定要我写一本看完之后就“完全懂得怎么做”的书。我真想对她说：“我也想要那样一本书，因为那本书一定是先知写的，否则怎能知晓未来和‘完全’？”

我的建议是：一定别让包成为你的身份证。所谓魅力，就是让人忍不住猜测你的身份，让人花时间来想象你……

是这样，我认为一个女人的包是主人的绿叶，这片绿叶如何来衬托主人，就看女主人准备开一朵怎样的花了。女人渴望扮演的角色，无外乎贵妇、淑女、精英、爱人、时尚达人、party 皇后、有闲阶级、品位人士……如果你觉得这里面没有你的角色，那也很好，你可以随心所欲地尝试其他的东西，直到有一天你的人生角色有了新的定位。

贵妇包

一望而知价值不菲的拎包，最重要的是有一股神圣不可侵犯的高贵和端庄，矜持沉默的气质却不会低调。绝不是容易买到的。这是出席非常隆重的场合使用的。不论使用者体形如何都绝不能过大，也不能像晚装包那么小，它是贵妇日用的。无可挑剔地精致、简洁、硬挺、黑色，

贵妇包

既不是哑光，也非漆皮。

淑女包

一个优雅的万用包。至少需要保持一半的硬挺姿态，至少底部必须是成型的承托部位。因为规规矩矩的包，有时是全身的镇舱石，尤其对没啥精神、郁郁寡言的淑女来说，硬挺的包真有提神作用。牛皮原色（土黄色）、深咖啡色、深蓝色、黑色（可以是漆皮）均可（依据衣服的需要）。质地精良，有细节设计但是很节制，稍露华丽气质，更多的则是

淑女包

大方和耐看。可以比贵妇包稍大，依据各人体形来选择。

精英包

可以跟购物袋一样大，但是却质地厚实，优良醒目，能容纳你在职场叱咤风云所需的所有随身装备……这种包的最佳选择必须再次恢复到简洁、黑色这一环，如果上面叮叮当当地缀满了细节，只能说明你还未

精英包

到精英一级。可硬，可软，但一定不是薄质地。

爱人包

本来可以算成休闲类的用包，但它具备一定的淑女气质，是有女人味、有秀丽外观的包，可以柔软不必坚挺，因为它没有外交功用。颜色可以随心意选择，因为质量好的包，颜色都不会过火，所以，你肯定明

爱人包

白选择范围了。

时尚达人包

处在这个角色的人自然不需我多言了，要注意的就是，钱要花在最火的潮流至高点上，你就像个百变女郎，大的小的软的硬的亮的暗的……对你都没有约束，只要看起来就像你信手拈来那么自然，比较适合自由

时尚达人包

职业者。

party 皇后包

即使你其实很少参加 party，你的晚装包也要让你看起来像经常出入 party 那么到位。别买像舞台上那些只能远远哄人的包，要经得起察看、自己拿着十分合手的。黑色、金属色、红色、珍珠色，或者只有你拿着

party 皇后包

最美的亮色。谨记，与晚装和发型、首饰保持和谐。

有闲阶级包

细致的、有奢华意味的，在这个表达范畴里，最为奇妙的就是，包可以很大，也可以很小。可以是各种质地，最为精彩的就是顶级的

有闲阶级包

LOGO 印在帆布那样朴实无华的材质上体现出来的底气。

品位人士包

品位人士包

无比别致的、具有独特气质的、没有任何标志却质地良好的包。

玛／亚／的／话

1. 在做衣橱整理之前，你一直是作为预科生在学习，衣橱整理会使你真正进入一所美丽的大学，在那里你会拿到满意的学分，为自己的真正毕业而进行研习。

2. 别样样都求特别，否则你会发现你的衣橱里件件衣服都很特别，却在出门的时候没一件适合重要场合的——很特别的往往都不够得体。

3. 让自己看起来很有教养、很可靠、很体面的衣服是你必须具备的，你会发现那会是你穿着频率最高的衣服，因为人人都喜欢这样的人。

4. 不要模仿他人，远离那些喜欢模仿你的人。如果别人问你的衣服和包、首饰出自何处，你可以不回答，很坦荡地说："保密。"这是教会他人建立自我风格的习惯，也是每个人都要学会的功课，所以，记住，也不要问别人他的精彩来自哪里。

5. 在每个年龄段散发那个年龄段的美好气息，持守自己的风格，做最好的自己。

6. 选择一个能够懂得你、了解你内心需求的形象设计师，听专业人士的建议，不要听身边所谓"达人"的，专业形象设计师的眼光和分析是最冷静客观的，也是具有创作激情的。

7. 上乘的丝巾是极好的配饰收藏，它不受身材、年代的限制，也可以成为"传家宝"。

第四篇

带新衣服回家

——实现你的美丽梦想

{一}

魅力衣橱的建立——导购日

“不要失眠呀，亲爱的！”这是在导购日前一夜，我们常常发送给客人的信息。魅力衣橱似乎已经唾手可得，依往常的经验，我们知道这些感性、可爱的女士们真的会因为明天要开始“实践”而兴奋莫名，期待万分……男士们则会因为导购日的临近表现得更为理性，找我进行理性的会谈，将自己的担心和期盼再次一一说清……

这是他们思绪万千、矛盾、担心的一夜……正因为这些，我更加爱他们，因为我看到了渴慕的心，爱美，是多么宝贵的爱啊！正是为了珍惜这份爱，我将导购日的前一天设定为踩点日，踩点前我会再次清晰自己的灵感、设想和需要特别寻找的内容……提前到达香港的设计师，按照设计方案来为客人踩点。

我们会为客人寻找十倍于所需服饰以供选择，这些服饰是根据客人的气质定位、个人风格、衣橱整理结果和客人提出的要求（比如购买预算）来决定的。每次都有两百至三百件服饰可供挑选，这其中是由不同的方案组合而成。比如，假如客人不要这件，假如客人不选择这个价位，假如这些上身之后客人不接受……怎么办？所有入选的是我们认为适合客人的，但是我们不能强迫客人，新形象是需要适应期的，所以我们要准备得十二分的充足。

踩点其实很累，而且要全程记录，记录品牌和入选服饰，制定好最节省时间的路线图。感谢上帝，办事殷勤使我们没有失手过！而且也感谢我们的客人，真正爱美的人也都是很感恩的人，每次看见我们的本子上密密麻麻的记录和殷勤热忱的解析，都会很感动，每次导购之后，我们的感情都会很自然地变深……是美和爱，把我们真挚地连接到了一起。最让我激动的就是发现客人的第一套衣服是那么适合她（他），使她（他）的新形象完全被自己接受并且令人喝彩……那一刻，我再次确认了自己的工作是那么有意义！我也喜欢看到那因为美丽而眼睛发亮的表情，就像恋爱了一样！

{二}

职场形象：要突出才华、品德和人格魅力

这个时代，大多数女性都是职业女性，所以职场形象是为最多人关注的形象。很多人可能会认为职场形象最好建立——对于不想表达自己的优秀、不想表达自己的品位、不想工作得更加出色成功、不想展示自己的人格魅力的女性来说，的确，职场形象很容易打造，因为千篇一律的规则是很容易掌握的，职场的黑白灰也是很容易找到的。但是，越来越多的女性对我说：“我不想穿‘制服’。”她们非常清楚地追求自己的魅力形象，因为她们真的非常优秀，优秀需要被看见，

需要被发现，需要被赏识、被挖掘、被嘉奖。

我认识一位女士多年，有一天她来找我，希望我帮助她丈夫设计一下职场形象，原因是她的丈夫虽然才华、人品被老总欣赏，却一直得不到提拔。有一天，她丈夫的老总遇到她时说：“你好不好帮你家先生收拾一下，他穿得那样让我实在带不出去……”她听了以后很难过，因为她发觉丈夫的发展障碍原来是自己造成的——她还是按照他们读大学时那种文艺青年的方式来打扮丈夫，经常都是牛仔裤、圆领T恤、宽大的布衬衫、棒球帽、运动鞋……因为她自己喜欢这种艺术家造型，所以一直在出口外贸店给丈夫和自己买这样的衣服。

我问清楚她丈夫当时的职位和想要竞选的岗位之后，带上他们俩，购买了全套的服饰。

带上她算是破例，首先，因为是她先有为丈夫做形象设计的动机并帮丈夫买单的；其次，以后也是由她来购买丈夫的服饰，所以我想要她知道以后不能犯的错。还有个感性的原因是，我很感动于这位太太对丈夫的关心。她告诉我，丈夫很有才华，也很在乎自己在职场上的被认可，她感觉很对不起丈夫，很想帮助他……对我来说，从来没有绝对的原则，爱就是最大的原则。在一般情况下，我不接受亲友同往，因为不专业的陪同者会影响设计效果，被设计者更容易接受身边熟悉的人给出的意见，而那往往是错的。

但是，我从她身上看到了一个智慧的女人对丈夫的爱，她是那么愿意反省自己，那么愿意付出，当一个女人愿意成为男人的帮助者时，自己也会得到很大的祝福。

不久之后，这位聪明的太太打电话给我，非常兴奋地感谢我，告诉我她丈夫穿着新装找老总去谈自己的计划，老总不仅夸奖他的着装，第二天竟然说要他准备好，下个月带他去美国。她的丈夫回家之后非常感谢她，说她真是贤妻……至于现在，结局大家都想象得到，她的丈夫不仅得到了与才华相应的职位，而且被老总视为爱将。我后来问了一下那位老总的情况，上网一查，果真气宇轩昂，风度翩翩，这样的老板需要的怎么可能是文艺青年呢？！

我还认识一位很注重形象的老板，是一位美国籍的女士，事业和家庭都在美国，她是我所认识的老板中最为独特、最具爱心的人，同样也很美丽。她虽然已经年过半百，却完全天然地保持了三十岁的身材、活力和容颜……她叫杨高俐理。从她身上，我看到了好品格和好性情对一个人容貌、形象的锻造——我们都晓得，四十岁以后，人就要对自己的脸负起责任来。

我要讲述的故事不是关于杨高俐理女士如何护养自己的形象的，而是要讲她如何帮助她的下属建立新的形象。当杨高俐理在北京创办了她在中国的第一个机构的时候，她将一位重要的下属送到深圳来，告诉我她以公司的名义为这位员工买单，要为她打造新形象，因为公司的产品、背景和面对的客户都对员工有崭新的要求，员工的形象需要与公司的形象相符合。我当时很感动，这是我遇到的第一位公司出资为员工打造形象的老板，我看到的是极大的爱和尊重。

为了做好这次形象设计，杨高俐理女士不仅与下属的丈夫进行了沟通，还花了很长的时间与我交谈，从交谈里我看到她对员工的了解程度和期望是那么温暖人心……那次交谈奠定了我设计的基础，也帮我找到了很好的设计方向。

我见到杨高俐理女士的下属的时候，同样也很为杨高俐理女士感到欣慰，因为这位克里斯汀女士是一位对公司忠心、敬业、殷勤办事的人，我看到杨高俐理女士的“投资眼光”是正确的。遗憾的是克里斯汀所有美好的内在和特质，以及她的能干从形象上完全没有表达出来。原因就在于她刚为人母。她年过四十才生的孩子，这几年她的精力和关注度都在宝贝女儿身上，所以她的穿着还停留在怀孕前的过时服饰上。为了陪伴孩子时方便，她的穿着大多数是T恤和针织衫，无法体现一个职场女性的干练和风采。几年来完全不保养的生活也使她的皮肤状态比较暗淡无光，显得疲惫干燥。

怎样帮助她重新恢复神采，是一个挑战，我只有一周的时间。这是一个要为付出了特别代价而进行的设计，它的流程和方案将与众不同……在克里斯汀来深圳之前，按照惯例我先为她做了生活方式调查，也告诉她做形象设计前要做好的各种准备……

第一天，测色、各类风格测试、形体分析、发质发型、语言举止礼仪的观察与研究……在这一天里，所有的服务是温和细致的，是为了打开克里斯汀的领受做好铺垫，她充满好奇和感恩地接受了第一天的服务。

第二天，重新设计发型。与发型师沟通，详细描述克里斯汀所需要的发型特点。三位设计师陪同她前往发型师工作室。

第三天，个人皮肤保养课程和美妆课。在前两天观察的基础上设计出所有适合她使用的保养品和美妆品，详细教授克里斯汀美妆的操作。

第四天，下午茶课。由于克里斯汀未来的工作需要具备国际化的礼仪，她需要对茶点有足够的了解和谈资……

第五天，导购。在克里斯汀上课的时候，我们已经完成了为她导购的踩点工作。她经过四天的服务已经完全做好了心理准备，对于自己将要焕然一新充满了期待。对于这次导购，我把方向完全定位在职场功能上，因为杨高俐理女士应允为她的职场形象买单。根据克里斯汀的各类工作场景和工作性质，设计了白领精英造型、商务社交造型、商务休闲造型，在这三大类造型中，有很多单品都可以互相搭配。在导购的过程中，克里斯汀越来越有信心，也越来越开心……她说如果可以，希望我帮她挑选一些生活类服饰，她自己买单……我非常高兴地看到在短短五天时间里，她已经从心里接受了形象设计的理念和重要性。

第六天，丝巾课。穿着新衣新裙，戴着新围巾，我给克里斯汀上了一堂丝巾课，告诉她各种系法，也启迪她对丝巾这种配饰的爱。对一向朴素的她来说，丝巾将是她最好的配饰，也是职场服饰必备亮点。克里斯汀学习得非常认真，不停地做记录……

第七天，礼仪课。当克里斯汀穿上恰当的衣服之后，她还需要有恰当的职场礼仪与之相衬。克里斯汀在最后一天穿得很美丽地接受了礼仪培训……那天课程结束后，她很动情地对我说："我好感恩，杨高俐理为我提供的这次机会不仅重新塑造了我，也将对我女儿产生很好的影响。"我们很长时间地拥抱在一起……

不久，我们收到了克里斯汀寄来的邮件，她说："嗨，亲爱的玛亚及姑娘们，感谢你们为我做的一切，我回来之后不断受到赞美，大家都说我变得漂亮了，也更有气质了，还夸奖我修养好……"

案例 1：有张力的沉静之美

原来的 Schen

Schen，公务员，36 岁。

Schen 是一位在保守行业里从事严谨写作工作的才女，她的工作性质让她必须保持端庄、内敛、低调的形象。

通过交流、了解，我知道了她的职业环境和上司的情况（这是塑造职场形象很重要的一点，上司对新形象的“包容度”决定了新形象能

Schen 的职场形象

发挥的作用，不能让新形象起反作用），以及她未来的发展。我发现Schen是一位不可多得的才女，不仅撰写过几本书，还经常为政府策划编辑主题重大的文献……难得的是，Schen在工作之外仍旧保持着对艺术、对美的亲近与追求，并且我发现她的性格里有既坚强又感性，很纯粹、大气的一面。所以塑造Schen的美，应该表达出她对智慧的追寻、对理想的坚持，以及丰富的内心世界，塑造出她安静而又独特的美丽。

我为她设计的造型是根据她的内心和气质梳理出来的，她的形象将分为三大类：职场形象、社交形象、生活形象。

职场形象：

塑造专业、端庄、有才气的实干家形象，突出才女气质。

增加夹克单品（她原来的衣橱里奇缺这类单品），用圆裙搭配正装夹克，遵循职场严谨风格的同时，也保留有创造力的活力形象。

缎面女版衬衣（她原来的衣橱里都是棉质的白衬衣），适当增加她的成就感和权威感，因为她毕竟不是刚入职场的小兵，在岗位上她早已拥有不俗成绩。

阔腿裤（她原来的裤装都是直筒裤和铅笔裤，使她显得平凡，在职场中，平凡和平庸很容易被人画上等号），她的身材、腿形和气质都很适合阔腿裤这样的单品。正装类阔腿裤是集飘逸与行动力于一身的动感造型，让人看到她独特气质与工作状态的完美结合。

增加眼镜、钢笔、胸针等配饰，体现法拉奇式的经典风采。这三样都是她原本没有的配饰，但都是可以合理出现在她的工作环境中的饰品，作此选择是为了与她的职业、才情、年龄和精致的气质相称，塑造她的知性风度，让人不能小觑她的存在。

Schen 的社交形象

社交形象：

她对精神生活的追求和热爱使得剧场、音乐厅也成为重要的社交场所。我用实用性的小礼服、旗袍、酒会装打造出一个现代文艺女性简约的高雅造型，同时把握好度，使它们能够适用于工作中的隆重场合。这样的安排是为了节省开支，让每一分付出都是十分有效的。

生活形象：

我了解到她有一个很爱她、也很欣赏她的爱人，不过他们之间有着地理距离。所以，有智慧含量的心灵伴侣形象既符合她的内心，也符合她的生活实情，在这方面的造型上，我想突出她不食人间烟火的洒脱和温柔形象……

一件式连身裙，典型女人味造型。

Schen 的生活形象

经典好品质的七分裤与她钟爱的平底鞋搭配，塑造出她在生活中简约优雅的动人形象，并且也很适合她在与丈夫千里相会的旅途中穿着。

玛亚讲的故事

在为 Schen 整理衣橱时，我看见有套很新的旧套装，颜色彤红，胸口还缀有立体的红花……直觉告诉我那是她曾经的嫁衣。我决绝地将它取下来，叠好，放进被淘汰的那一堆衣物里，什么也没说……但是我确定我可以那么做，因为我知道她现在很幸福，那是应该清理掉的感情。

不久，我询问她可否在公司的下午茶时间讲述一件旧衣服的故事？她欣然答应，如我所料，她带来了那套红嫁衣。在下午茶的时光里，她很坦诚地讲述了年轻时一段不成功的婚姻。她说："这套红嫁衣，就像我的婚姻一样不适合我，我其实非常不喜欢它，但是我的母亲坚持要我买，要我穿，所以我就穿了。它也像我的那段婚姻一样短暂，很快就结束了它的使命，并且从不会被我记起……我很高兴，如今我找到了自己的形象，有了很多真正喜欢的衣服，也找到了自己的爱情。”Schen 还拿出现在的爱人为她写的诗，动情地朗读给大家听。事后，她告诉我，她彻底地与往事告别了。

Schen 不知道，我多少次地对身边的设计师说她有一颗很宝贵的心：不计较，坦诚，愿意领受，愿意分享，愿意去爱。我总是在心里祝福着她，祝福她的美丽和她的爱情。

Schen 的感言

我一直都在寻找，寻找那个最好的我。

当我见到玛亚的那一天，我知道，她就是我要找的那个人，也是我心里一直在找的那个我，那个最好的我，那个我最想要的我。

最重要的是，在这个过程中，她教会我们怎样认识自己，发现自己，然后进行曼妙的寻找。

“不能单调地生活下去，丰盈我们的心，才能做最好的自己”——形象设计做到这里，就不仅是外表的东西了，她带领着姑娘们在潜移默化中，影响着我们去做一个又美又善的人。这期间，不停地有同事、朋友对我说：“你怎么越来越美啦？感觉越来越不一样了！”

在我来做形象设计之前，一位朋友说：“玛亚给予你的，永远比你想象的多。”是的，玛亚给了我们最重要的一样东西，那就是爱。

{三}

生活形象：找到属于自己的精彩

也许很多人会问：居家生活也需要形象吗？

是，我的回答是“非常需要”。

这几年，我接触的全职太太特别多，我更加肯定地意识到全职太太们的居家形象跟职业女性的职场形象是一样重要的，有时甚至会影响到她们对生命意义的定义……我只要看看一个家庭主妇的衣橱，就知道她把自己的生活经营得怎样，她对生命还有多少激情……反过来，新建立的衣橱会使她在各方面重新开始，或者重新拥有激情，因为通过新形象，她会发现原来每种生活方式都可以如此精彩，自己可以变得如此重要。可以说，家庭就是全职太太的职场，打扮好自己就完成了经营家庭的一半任务。

我只要看看一个家庭主妇的衣橱，就知道她把自己的生活经营得怎样，她对生命还有多少激情……

我在几年前认识一位全职太太，她的丈夫成功而又忙碌，她带着两个孩子过着被她称为“郁闷”的生活。她特别喜欢旅行，但是丈夫却很少陪她去，总是说太忙让她自己去。她放不下孩子，因此也很少外出，就这样郁郁寡欢。出于无聊，她来到我的品位课堂，在课堂里，她发现世界上还有那么多没读过的好书，没看过的好电影，还有音乐……后来，她来找我做形象设计，在设计过程中，我鼓励她放下孩子，与女友去国外旅行，鼓励她学习摄影，送她摄影名作的书籍……她真的这么做了。

于是，她很惊奇地发现她的丈夫开始把注意力放到她身上，因为他发现她旅行回来之后完全不一样了。她以前是个“怨妇”形象，我把她的幽怨气质变为浪漫飘逸、充满神秘感的女人味。我告诉她：“不要抱怨，去做！”那位丈夫感到妻子似乎有了一个神秘的小世界，也看到家里挂满了她拍摄的风景照，虽然不是大作，却看得出她的喜好和品位，于是他主动许诺要在第二年安排出时间陪她去欧洲。她告诉我那正是她一直盼望的二人世界……

我发现，生活形象越单调、越混乱的主妇，生活也会像她的形象一样单调、混乱，因为服饰会影响她想要去的地方和想要做的事情，服饰会影响她的勇气！

不久前，我竟然在美术馆遇见她，她带着孩子、举着冰激凌刚刚看完展览，非常热情地招呼我。我心里充满了安慰，我看到了一个少妇美丽、有信心的笑脸，比我刚认识她时还要年轻……那是一张满足、有爱的脸，也是一张看过世界许多风景、变得越来越开朗的脸！

我发现，生活形象越单调、越混乱的主妇，生活也会像她的形象一样单调、混乱，因为服饰会影响她想要去的地方和想要做的事情，服饰会影响她的勇气！

案例 2：温情有爱的时尚辣妈

Moonvis 是个快言直语、经常用无辜眼神望着我的可爱的全职太太，她是一位内心有爱、有温情的年轻母亲。她注重自己的感受、追求自我提升，率真、清新，可以塑造出都市典型的时尚辣妈形象。这是新世纪年轻一代母亲的形象，也是完全应该在造型中得以丰满体现的关键。

Moonvis 特别喜欢穿黑色衣服，熟悉她的人常说："你怎么一天到晚都是黑色？"在测色的时候，我发现柔和、别致的浅色系既能增加她的亲和力，也能使她散发出母爱气息和女性的柔美，成为丈夫和孩子之间不动声色的温柔凝聚力。另外，还需要为她寻找一款动人的幽香，让家人陶醉在她独有的若有若无的气息里，并且产生深沉的依恋。

我给 Moonvis 在高尚社交中的形象定位是：都市精灵。

Moonvis 是一个身材小巧、表情与肢体语言丰富的可爱女人，她的心里还藏着一个永远可爱的少女，这二者将从形象上结合起来呈现她的美丽，让人感受到永远新鲜的吸引力和生命力。

保持她的真实并且表达其中的可爱可以使她显示出一个魅力女人的风尚。我大胆地运用撞色点缀和不同材质的混搭，因为它们都能体现Moonvis丰富的性情和内心。明丽的点缀色、灿烂的配饰、抒情的丝巾也都是让她散发光彩的点睛之笔……同时，更需要增加一抹都市知性色彩，呈现Moonvis求知求新的可贵情怀。

我给Moonvis在运动和旅行中的形象定位是：行走的风景。

Moonvis特别喜欢旅行和运动。用简洁利落的现代风格塑造Moonvis的动感形象——行走的风景，将是专业运动、旅行和时尚细节相结合的造型。佩饰在此造型中需要有动感，也要考虑与家人的协调，体现相亲相爱的家庭整体形象，在运动日和家庭出游时成为众人眼里的美感群像。

玛亚讲的故事

Moonvis 在做形象设计前就跟我说，她的丈夫说过她的打扮很幼稚……其实 Moonvis 有一个很爱她的丈夫，不过像很多成功男士一样非常忙碌。我在做形象设计时，会很关注被设计者身边的亲人们的意见和期待，设计师不能按照自己的喜好来设计，而是应该全方位地关注和尊重被设计者的生活，因为他们的形象必须回归到自己的真实生活中……所以我在仔细分析之后，决定去除 Moonvis 身上原本过多的休闲流行风格和甜美造型，变为精致的日式名媛风格和恬美造型。“甜”与“恬”虽然只差一字，但是塑造出来的观感是完全不一样的。“甜”比“恬”少了一份沉淀和厚度，比如荷叶边、圆领与泡泡袖的同时出现，这都是过甜的表现。

我带Moonvis导购时，问了她好几次：“累不累呀？”因为我们的节奏很快，看着她姣小的个子我不免有点担心。但是Moonvis每次都跟我说：“不累！好开心哟！买了这么多精品！”

Moonvis跟我说起一个故事，她和女友花了两天时间在香港逛街，结果只买到一件衣服，整理衣橱时还被我淘汰了……我记得那件衣服，就像一件加长的T恤，Maxmara的。后来导购时我也带她去Maxmara买过衣服，她穿了很好看。所以，不是品牌不适合她，而是要看挑选什么。Moonvis说：“每年请你们导购一次，我可以少浪费好多钱……”Moonvis被淘汰的品牌包大概价值几十万，有的是因为大小、长度不适合她的身材，有的是因为款式不是经典款，一望而知早已过时……后来都被她送到米兰站去了。

在与女性接触的过程中，我发现很多女性因为曾经买得太多，错得也多，所以产生了罪恶感，结果就像被错误辖制了一样，不敢改变，因为改变就等于承认从前错了，其实是潜意识里害怕那样的罪恶感更深。实际上，我发现很多愿意摆脱这种辖制的女性最后反而从那种罪恶感里摆脱出来，她们很清楚地知道今后不会再发生那样的错误，那只不过是该付出的代价罢了。

{四}

身份感：让衣饰更好地表达你

我在做形象设计的过程中发现，身份感的表达成为越来越多人的需求。

我在前面提及的职场形象、生活形象，这都是很好区分的、有清晰设计语言的形象造型。随着社会的不断发展变化、生活方式的多元化，身份感成为某一个族群的要求。不过，这个族群的要求虽然可以归属于同一类，但是族群内每个人的需求仍旧各不相同，需要十分个性化的设计。话说回来，谁不需要个性化的设计呢？只是在这个族群里，个性化设计会表现得特别突出。

想突出身份感的往往都是没有明确身份的人，但是又不等同于全职太太。比如，我认识一位女士，她本来是学室内设计的，但是由于婚后把精力放在三个孩子身上，远离职场很久，很多人都以为她是全职太太，实际上她每个月都去丈夫的室内设计公司，不仅帮他察看自家公司的设计部门，而且在丈夫出差的时候掌管公司事务……公司员工叫她某太，她很不喜欢这个称呼，因为她实际上也是公司老板。她很希望自己的专业被完全认同、知晓，而不是被当做监工一样。她感觉到员工对她的尊敬只是因为她的婚姻，而非她的能力，她在潜意识里很希望自己的才华被认可。而且她发现公司的设计师们穿得好像都比她时髦，自己却融不进去，找不到时髦的感觉。

我认识她不算久，直觉她并非一个很快乐的人，当她告诉我她想要做形象设计时，我其实有些吃惊，很少有学设计的还想请人做设计，因为做设计的人大多自有一套。她的坦诚使我动心，我看到一个女人的勇气，同时也相信她的才华，她没有抱怨，充满了进取之心，假若她没有这份底气，也就没必要积极应对了。

我几乎跟她一样有种急迫的心情，很快就看了她的衣橱。我发现她的问题的确出在服饰上。她的着装风格已经完全不像设计出身的女性，而是很主流，价值感过于明显……看着她的衣橱，我有点心疼，看得出她已经自己苦苦摸索一阵子了，有些著名的LOGO其实根本不适合她。后来她果真笑着说："我其实一点儿不喜欢，只是为了像个老板娘。"我对她说："亲爱的，是它们表达不了你，你需要另外一些。"正如我所料，她原以为穿得强势一点、高调一点儿会得到她该有的尊重、认可……

我很有灵感地找到她的定位。她非常适合纯白色，所以我寻找不同质地的白色，同时也为她找到很时尚的黑色基本款，突出她精彩的白色。以前她拥有很多黑色与金色，许多黑色服饰上都有金色点缀，殊不知她的冷色调肌肤穿金色会显得俗气。现在，黑色与白色这两种最简约的颜色是多么适合她的事业环境啊！你可能还会想到红色，没错，我为她找到一些别致、精良的粉红色和复古紫、油画绿做点缀色，都是比较大胆而纯正的用色，很适合她想要的强势感，但是却不落俗套……

她以前背的所有包包都被我淘汰掉，只剩下一个著名的帆布购物袋留用，不用说你们都知道是哪个。重新买的包都是最具设计师个性的独特拎包，但一定要是一流的，这样既可以与她公司设计师的包对上话，又在价值感上有显著区别。

那一天，她的情绪极其高涨，对我说了很多次："我就是想要穿成这样……我有感觉了，找到感觉了……"在导购的过程中，我给她讲述所购买服饰的品牌和设计师的故事，让她了解我推荐的原因，也让她穿出该有的精神……

一切准备就绪之后，我详细询问了她近期的工作安排，为她拟订了一个穿着进度表。我告诉她，改变也要循序渐进，不要突然登场，因为没必要让人们知道你是为了他们去改变，你是为了自己找到了昔日的感觉而改变，所以你的衣服要按照一定的顺序登场。

我想她完全陶醉在自己失而复得的感觉里，很久没有给我电话，久到令我有些怀疑新形象的效果了。三个月后我主动给她打了电话。还没开口，她告诉我她忙得不行，现在几乎每周都去公司，正带设计师在外参展……

她很动情地说："好多事要跟你说，等我回来……""不用了，亲爱的，我看到了，你的感觉恢复得很彻底，艺术家都是不记得朋友的……"我在电话里开心地调侃她，我喜欢她现在的状态！想象得出，当她在公司越来越找到感觉后，她在那里待的时间自然会越来越多，我愿意"失去"她，这证明我的设计是成功的。

有位长者告诉我："你有安慰人的恩赐……"我想是的，感谢上帝给我这样的恩赐，它会使得形象设计超越外表的范畴，我想形象设计师怎能没有这个恩赐呢？如果我的工作不能够触及灵魂，它本身又怎能使我总是充满感情、灵感和激情呢！

案例 3：德高望重的大家闺秀

初见 Angela，感觉她是那个群体中最为年长，最稳重，也一直在付出的人，当时我以为她是一位居家主妇，因为从她的穿着上看不出叱咤职场的痕迹，也看不出她所从事的专业，只是觉得她很可亲，但是有点辛苦的样子，对她颇有好感……

后来，当 Angela 来找我做形象设计时，我才了解到她的事业和家庭。她年轻时移民香港，自己办公司在香港做了二十多年，她和先生孩子都住在深圳，生活很美满……但是因为忙碌，也因为年轻时不注重穿着，所以一直未能把形象放在心上。她一直在我的品位课堂听课，越来越感觉到形象的重要，于是下决心改变自己，她说："再不做，就来不及了。"

我躺在床上，为 Angela 的新形象失眠，要让她好看是容易的。可是要怎样让她为自己的前半生感到骄傲，值得，让她感到一切都来得及？那就必须让她的年龄和经历都成为形象中的优势，让她丰富的历练从服饰中充分地体现出来……当一位女士年过半百时，人格魅力、风度仪态才是她的形象魅力的焦点。

我在那个失眠之夜一坐而起，写下所有的灵感和方案，霎那间觉得激情澎湃。我感到自己仿佛是一位女将军，挥舞着得胜的旗旗，要为

Angela失去的岁月和领地鏖战，要为她夺回所有的美丽……我写着写着，不禁热泪盈眶，我已经看到了一个全新的她！

我为Angela的新形象做了两大分类，其一是有人格魅力的董事长，其二是优美大方的智慧女人。

在第一大类中我增加了Angela形象里的才华、知性和设计感，因为她从事的事业是与美感、装饰、设计有关的。虽然Angela并不参与设计，但是增加她在事业形象上一定的设计感，可以为她带来更多的专业权威感，同时能够体现她的才华和智慧。

我会相对减少行政、商务的感觉，因为这种减法可以为Angela的形象减少商业气息，而将她注重内在魅力的一面表达出来。鉴于她的工作范畴大部分属于高层接触，我在为她选择高级正装的时候增加了一些个性化细节以及学识风格，让她的实力和内在得到细致的体现。

在第二大类中，将增加Angela生活殷实、富足的幸福形象，让她的温柔添上一笔无比利落的自信，而不应该只是勤勤恳恳的贤妻良母，女人的美满应该是能给予她享受的愉悦的。所以我把她的生活造型设计为美国东岸的高级休闲风格，这也符合她内心深处大气、阳光的一面，让她在贤德形象的同时拥有现代贵族气息。用上佳的质地、别致的色彩和富有巧思的轻微混搭手法来呈现出她在生活中成功而又多姿多彩的各种层面，将女性魅力以及敏锐的时尚触觉融汇在她的生活形象中，并且增添飘逸浪漫

原来的Angela

Angela 的商务形象

Angela 的生活形象

Angela 的社交形象

的色彩。在色彩上，我用降低纯度、使用明度的变化和色相的对比三种方式的配合来达到“奢华地优雅，优雅地个性化”相结合的方案。

Angela 做完形象设计之后，我也相继认识了她的母亲、丈夫、儿子、朋友……我欣慰地看到了他们对她新形象的爱意和认可。Angela 还将自己最要好的朋友带来，希望自己的朋友也得到“新生”。

在 Angela 做完形象设计的一年后，她得到了我代表公司颁发给她的“最具突破之淑女美”奖，在发表获奖感言时她含泪告诉大家——

“我已经年过五十了，但是我觉得现在才是我最好的年华、最美的状态！这个新形象让我感动的不是因为我有了合适的服饰，而是这种改变使我变得更加爱生活，觉得生命真的很美好！我对生活的兴味更加浓厚、热爱！”

我坐在台下，看着台上意气风发美丽动人的Angela，她的样子跟我在失眠之夜的灵感里看到的一模一样……我再次看到梦想成真！

案例4：贵妇与金融奇葩

认识Tong很久，但是一直不很亲近，感觉她的相貌气质还没有得到完整的体现，我默默地观察她，也许她也在默默地等待……直到她做好了准备，决定接受一个新形象。

Tong给我的第一感觉是并不很开怀，而她的生活现状可以说十分成功完美……我思考着“驱赶”那不开怀的方法，我希望形象的变化会为她带来心情的变化，因为美好的形象必须建立在健康的心理基础之上，给人带来阳光。Tong还在年轻时就爱上了投资这个行业，在事业和家庭里她都很有主张，但也许她从职业和家庭里得到的赞美和回报并不很对等……我在思索中找到了某个支点，我想我可以开始了——让Tong笑起来是新形象的内在目的。

我给Tong的气质定位是贵妇与金融奇葩。

贵妇造型：

用无可挑剔的精品建立形象的骨架，使所有需要高贵典雅的出场成为Tong的主场，用精准的细节表达Tong的实力，就像投资准确的金融奇葩一样，使Tong的细节成为她的专属。

原来的Tong

Tong 的商务形象

融合骑士风格，用一半中性、一半优雅的混搭塑造自由挥洒的休闲贵族形象，将生活的优渥表达得举重若轻。

金融奇葩：

将大都会精英风格和时尚经典相互融合，建立金融奇葩的形象，让同行对 Tong 充满认同和赞赏，一个能准确投资自己穿着的人也能准确预见金融的未来，并且在生活中和事业上以不变应万变的姿态百战百胜！

作为“最冷艳之高贵美”奖得主，Tong 曾经为我们公司举行的“赞美大典”走秀，当时在观礼的她的先生问：“怎么你总是在笑呀？谁都不笑，只有你在笑。”

她在走完秀之后拉住我说：“玛亚，我一生跟随你。”我感到很大的震动和感动，我想，她要跟随的其实是真正的美与善！这就是活出美丽的力量，它可以改变容颜、改变心境、改变你的态度和表情！我感谢Tong，感谢美与善！就在那天晚上，Tong对一起用餐的所有获奖者说：

“有几句话，今天不说以后我就不会说了。以前我很骄傲，因为我觉得自己什么都不缺，富有，儿女双全，先生也很爱我……我也爱时尚，什么都不需要改变。但是，我在品位课堂里接触得越多就越发现自己了解得不够，现在，我觉得我的决定真的是对的。因为形象的改变和提升，最近做投资时，我发现自己因为新形象变得信心更足，投资更加准确，我现在的模样使我的事业也有了提升……”

当Tong在分享她的心情时，我想起了导购结束次日，她发给我的

Tong的社交形象

Tong 的生活形象

信息："玛亚，我看着房间里挂着的新衣服，地上摆着的新鞋、新包，昨夜一件件穿给先生看，他说每一件都非常适合我……满屋的阳光，我觉得生命太美好了，谢谢你！"

我想象着 Tong 躺在床上，欣赏着自己的新衣裳的情景……我想她一定在那一日的阳光里独自微笑了很久很久……

案例 5：娇妻与焦点

原来的Kexin

也许你会说形象设计是那些不会买衣服、没时间考虑这些的人需要做的，其实不然，在我的设计经历中，不少很时尚的女士同样需要形象设计。因为很时尚的女士常常穿得很时髦，却没有建立起自己的风格，或者因为追随时尚变成百变女郎。

Kexin 是我认识了很久的一位女士，在最初认识她时，我就发现她是她所在的人群中靓丽的人物，很感性、善良。她有一位很爱她的丈夫，是某服饰品牌的董事长。当她想做形象设计时，她身边的女友都说：“你就不用做了吧，你已经够好了。”可是，有一天 Kexin 站在我面前，对我说：“玛亚，现在总该轮到我了吧！”

我并不吃惊 Kexin 的决定，爱美如她，一定有足够的悟性明白爱美和懂得美、有很多衣服与会穿衣服、长得漂亮与拥有魅力之间是两回事。Kexin 的确有极好的外在条件，她可以驾驭很多风格，这也使她的衣橱让人眼花缭乱，光是从她的衬衣收藏就看得到这十年来中国的时尚发展史……她的时尚感觉很敏锐，所以总是会把时髦带回家。如今她已经从职场转向了家庭，为人爱妻，所以我将她的定位确定在生活中的明星角色上——她既是娇妻又是焦点人物。

既然是明星般的焦点人物，就更加应该建立自己独特的高品质服饰语言。要用一条主线串起她众多的风格，并且带出静水流深的意味，这

Kexin 的商务形象

是她新形象的关键。

整理完 Kexin 衣满为患的衣橱，我决定增加大 X 轮廓的造型，强调她的女性特质，加强质感和价值感，用时尚经典来塑造优渥的名淑形象。Y 型裤装轮廓展示帅气敏捷的一面，用生机勃勃的姿态加强她在丈夫心

Kexin 的社交形象

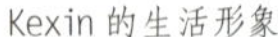

Kexin 的生活形象

中永远年轻的印象。用阳光明媚的性感来表达Kexin的风姿，不在于“露”，而在于“藏”，用欲盖弥彰的手法来显示高贵的性感。用张弛有度的戏剧感营造环境中的焦点形象，因为她生来就有驾驭舞台的能力，她在哪里，哪里就是她的舞台……当我写完这个方案，我激动万分，我仿佛看到Kexin无论在哪里都闪亮的光芒……我竟然独自偷笑了起来，就像密谋了一场惊喜的生日宴那样得意。

Kexin在导购的次日告诉我，她和丈夫竟然一直到夜里两点多都没睡。她的丈夫一直在欣赏她展示新装，还对她说：“这就是我一直想要你成为的样子！”我非常感动Kexin有这么爱她宠她的丈夫，一位绅士美好的情怀莫过于看到妻子活出了最美丽的模样，并为此感到无比的自豪，也感谢她的丈夫，作为半个同行的前辈给我的肯定和鼓励。

案例6：深藏不露的性感，生命的舞蹈者

初见Miss乔，很容易感受到她略带野性美的女人味，她的语速也比较快，爽直，但是有很好的合作精神，是一位令人愉悦的女性。她挺拔的身姿仪态散发着强烈的生命力和动感。这些显而易见的性感就需要做些减法，因为她已经是两个孩子的母亲、一家成功企业的“老板娘”，她的身份需要将性感与活力转换为含蓄，从而变得更加迷人。所以具备动态美的Miss乔已经无需太多色彩来表达她的动态，

原来的Miss乔

生命的活泼气息在她的言谈举止中已经能够尽情散发。

于是我在用色方面更多使用冷艳色彩，对她来说会比鲜艳的色彩更能突出魅力，因为她的爽朗性格会因此被反衬得更加可贵。蓝色、紫色、灰色系中都有不少颜色可以制造这种冲突的气息。我们在设计中发现有一种蓝色特别适合她，甚至将那种蓝色叫做“Miss 乔的蓝”。而原本表达生命力的绿色系，在运用时要特别注意灰度的加入。因为这是一个加法，不能用力过猛，要用灰度来体现她的生命力不是流于表面的，同时也更符合她的身份和尊贵级别所需的稳妥凝重以及成熟芳龄的需要。至于她的女人味，柔软、淡雅的橙花蜜色系会使她的女人味具有一种收放自如的内控力，更加引人探究……

Miss 乔的商务形象

在款式上，别致、有出彩细节的端庄感会使她的性感美显出不同一般的深度，同时也加入简约的飘逸带出她的舞蹈家气质。这种看似复合、矛盾的设计，使得Miss乔拥有丰富的、令人探究、想象的形象空间——别忘了，能让人对你产生多少想象力与你的魅力是成正比的。如果只是依葫芦画瓢地为Miss乔设计形象，那么只会让她的美显得一望而知，没有深度。

Miss乔的社交形象

Miss乔的感言

我的先生一向内向沉默，从来不赞美我。我做完形象设计之后，他常常看着“盛装”的我问：“今天有什么事吗？”我说：“好看吗？”他终于会说：“好看！”——这是我一直想得到的。

被设计者每每会问我：“玛亚，我属于哪种风格？”因为他

们习惯了从前的归类法，四种、八种或者十二种。但是我总是回答："你属于你自己独一无二的风格！"每一次，我都会为被设计者设计出独特的、她（他）专有的风格。每一次，当我宣读和解释完他们的个人风格之后，他们总会激动万分地说："是的！我好喜欢啊，这就是我想要的！"

我不止一次地嘱咐身边的设计师们：不要用眼睛做设计，要用心、用爱！做形象设计的初级阶段就是"看图说话"，就是把被设计者当成图，"看图"就是根据肉眼所见来判断她（他）的类型、在她（他）表面呈现的归类里为她（他）"说话"，也就是设计。但这是远远不够的，有时甚至是错误的。如果我们都依据个人呈现的表面气象来设计，形象设计就只能成为包装行业，但实际上，我认为形象设计必须是一种朝内的挖掘和展示！同时，我还认为形象设计可以成为一种带领，将人带领

Miss 乔的生活形象

到他可以发展得到的方向！

世界上每一种动物的模样都是各从其类，所有的海豚都是一个样，所有的天鹅都是一个样，所有的斑马也是一个样……但是人是有灵魂的，他们不会一个样。这就是应该为每个人设计出独特风格的原因——这当然不是容易和省心的做法，也是无法进行商业复制的方法，但却是最准确的。如何在同一种风格概念中把握设计语言，需要的不仅仅是色彩和服饰的技术性语言，还需要内在的人文功底，明白每种造型语言的文化背景和故事，从而组合出最有生命力的元素。

即使是拥有了自己风格的被设计者，也是需要随

如果我们都依据个人呈现的表面气象来设计，形象设计就只能成为包装行业，但实际上，我认为形象设计必须是一种朝内的挖掘和展示！（它还）可以成为一种带领，将人带领到他发展得到的方向！

着自己的进步不断调整和发展的。很多人在第一季设计过后就主动要求进一步提升形象，不仅是因为他们体会到了新形象带来的各种益处，还因为他们被新的形象带领到更高更远的境界之中。而且，随着时尚的发展，随着社会的变迁，形象也应该常常更新升级，对明白了自己风格的人，可以在不变中应万变。如果世界上的人都可以各从其类的话，那么时尚业就不会如此兴盛了。

{五}

有一件事比漂亮更重要——得体

这句话不是耸人听闻。学会穿衣，绝非学会漂亮。漂亮是一种独立的概念，如果不得体，没有人会赞叹你漂亮。

汶川地震时，穿着丝缎的小黑裙去采访的媒体人，会有人赞美她漂亮吗？不会，人们会因此愤怒。因为她过于漂亮地表达了自己，超过了应该对他人表达哀悼的分量。

在别人的婚礼上，你穿着低胸的高级小礼服，你曼妙的身材一览无遗，新娘会赞美你漂亮吗？你可能从此会被这家人除名。因为你在别人最重要、最美丽的一天没有表达出你庄重的祝福。

在沙龙的下午茶时间，你穿着 T 恤和牛仔裤就来了，尽管你有矫健的身材足以让周身散发出健美气息，但是有人会表扬你漂亮吗？以后你可能不再被邀请，因为你看起来如此不在意与大家的聚会。

你的太太穿着吊带背心和花布短裤接待你的朋友，尽管是在自己家里，你觉得朋友会认为你的太太漂亮吗？

我亲眼见过很多不被赞美的漂亮案例，全是因为不得体。会穿衣，真的并非穿得漂亮的代名词。不得体的漂亮比不漂亮还要失败，因为不得体代表了你品格的失败。

你的丈夫事业有成，对你也很专一，但就是从来不带你出席他的休闲活动，既不带你参加同学聚会，也不带你去打高尔夫，你觉得你的问题出在哪里？用简单的办法，打开你和丈夫的衣橱，好好比较一下，你们的选择，一定不是同出一辙。

……

我曾经去拜会一位老教授和他的太太，去之前我特意找出棉质衬衣和卡其布的风衣裙，穿着丝袜配半高跟的船型鞋。我想这种搭配是校园里最常见的，我是作为一个学生去见长辈，没必要穿得时尚或者非得像个设计师。那天晚上，同桌的还有另外一个教授带来的女伴。那位年轻的女士穿着膝盖以上的雪纺短裙，深V领的弹力T恤衫，光着腿穿着一双凉鞋，神情活泼甜美，但是一整晚我也没见教授和教授太太跟她说过话……

得体——能恰当地体现你的善良、体贴、智慧，只有这种美好与漂亮相加，才是真正的得胜。得胜，不是要将别人打败。得胜，是你能赢得他人。

教授太太那天晚上跟我一见如故，成了好朋友。我想，这就是非常失败的漂亮。因为你不懂得用合适的服饰配合具体的场景，不懂得尊重他人。对待老人，不应该强调你的年轻，你也会有年老的一天。对待同性，绝对要防止自己的竞争心态，更何况对方是位长者，更加应该尊重。竞争的好强心理和靓丽登场是两回事，不要把自己的人生弄得处处硝烟。我见过表现欲超级强的女士，不论在哪里，都当成自己的主场，结果是处处得胜之后，发现自己其实一无所获。

得体——能恰当地体现你的善良、体贴、智慧，只有这种美好与漂亮相加，才是真正的得胜。得胜，不是要将别人打败。得胜，是你能赢得他人。

记得在品牌建立的初期，我会带设计师们去客人家做衣橱整理。有一次，我在客人家做首次衣橱整理。她告诉我晚上她要和丈夫外出晚餐，希望我为她搭配一套衣服。

问清楚用餐地点、用餐目的、参加人数、她与参加者之间的关系之后，我为她搭配出冰蓝色的双宫丝连身裙加上我设计的黑色丝绒小礼服外套，深灰色缎面鱼嘴高跟鞋。她疑惑地问："需要这么隆重吗？都是认识的人，他们不会说我夸张吧？"

我为她列出了三个理由："第一，你是今晚用餐者中唯一的女性，在都是男性的场合里，你越是要表达得端庄高贵，尤其你的丈夫也在场，你体面到极致，会让丈夫的自尊心得到很大满足，他会以你为荣。第二，你和丈夫要介绍自己的老朋友给有可能合作的新伙伴，那么你穿得郑重其事，会使你的朋友知道你的态度是认真的，是对他极大的尊重，他会觉得你们把他的事特别放在心上，他会很感激你。第三，你们的客人会觉得你是一个可靠的、值得信赖的人，因为你的隆重让他们感到你们对此事的严肃和重视，这会更加有效地促成他们的合作。"

当天夜里，我正要关机的时候，收到这位可爱的客人的短信，这还是她第一次给我发短信——"亲爱的，你是我的天使！今天我先生赞美我了！你知道吗，他从来没有这么肯定地赞美过我……我爱你！我还给你写了一封邮件……"看得出，那是非常欣喜、兴奋之下产生的真挚言语。第二天我看了她的邮件，她详细地描述了自己和丈夫之间的对话……

毫无疑问，这次晚餐也很圆满开心。男士们怎么不会为有高贵的女士同在而愉悦呢？正如我会在巴黎的“福雄”商店里多买一次单，全因收银员的优雅使我觉得“福雄”的货品不可多得。

美好的形象可以拯救你的人生，这句话没有一点夸张的成分。沃伦·巴菲特曾说：“吸引我从事工作的原因之一是，可以让你过你想过的生活，而没有必要为了成功而打扮。”当我看到他穿着芥末黄的夏威夷衬衣和比尔·盖茨坐在一起看球赛时，我发现他的穿衣之道远胜过比尔。他最爱穿的套装颜色就是银行灰，与他的事业、身份非常贴切，加之领带的出色搭配，看得出他相当遵循专业的穿衣之道。一个如此成功的男人，在他不用为成功而打扮的岁月穿着却很得体，体现的是他的胸怀、素养和谦逊。

我曾经见过有个腰缠万贯的商人，在五星级酒店跟朋友相约喝茶，他出现的时候竟然穿着拖鞋、渔夫裤和 T 恤。一起喝茶的朋友对他说：“你怎么穿得这样来喝茶？”他冷着脸说：“因为这里没人比我更有钱。”我真希望这个有钱人能跟巴菲特喝一次茶，看看比他富有的人怎么穿衣，怎么说话……一个人的形象，有时直接反映出他的内心品格。

玛/亚/的/话

1. 即使是最要好的朋友到家里来，也别穿着只有你丈夫才应该看到的穿着。
2. 如果不是你的主场，你不是主角，你就该穿出自身的涵养和别致。处处都想当主角的人，最后会失去所有聚会的邀请函。
3. 穿着得体本身就是一种非常美好的品格！

{六}

不仅美丽，还要美好——优良的品格和性情

美国有位著名的建筑师曾经说过：“宾客就像钓来的鱼，二十分钟以后就开始发臭。”我在很年轻时读到这句话，就一直不曾忘记。我牢记这句话，为了不让自己在任何人面前“发臭”。我想任何人都要谨记，不要让自己流于肤浅的美和表层的魅力，一个人被环境所接受、欢迎、喜爱的理由必定是他有经得起推敲的内在和品格。

我认识不少摩登的女士，她们身上动辄就是几万、几十万的穿戴，在她们身上也常上演时尚广告大片。我欣赏她们对美的尝试和追求，但是我发现她们没法在人心里留下难忘的印象，或者说难以给人留下一个清晰完整的形象——也就是说，她们十分摩登，却一直没有建立起自己的风格和魅力。人们谈及她们的形象，都只会说：“哦，她很时髦……”很遗憾的事实是：她们的钱都花在了衣服上，没花在自己的身上，因为那些衣服没为她们说上话。

在做形象设计的过程中，我发现女人人品越好、内涵越丰富、气质越好，她的形象就能被设计得越精彩。因为美好的形象，都因有着美好

我发现女人人品越好、内涵越丰富、气质越好，她的形象就能被设计得越精彩。因为美好的形象，都因有着美好的根基。

的根基。形象设计不是表达你的身材肤色这么简单的工作，真正的形象设计是体现你人生的全部。比如，当一个总统的形象被设计时，他的成功形象应该是值得纪念的过去、成功的现实、未来的梦想的总和。好的形象设计师都应该抱着为一个总统设计形象的心态来为客人做设计，因为每一个人都应该活出最多的赞美，都应该得到自己人生里最多的票数。

玛亚讲的故事

我曾经为一位绅士做过形象设计，我之所以称他为绅士，是因为在设计过程中我发现他的为人和风格令我感动。

这位绅士的外在条件可以说对设计师有着不小的挑战。他没有头发，肤色黑黄，身高偏矮，中度发福，近视，而且他的腿有残疾，走路不是很方便……为他买单做形象设计的是他太太，这是第一个让我感动的地方，因为我看到了他生活在爱里。他的太太特别活泼、自信，看得出是一个被丈夫宠爱已久的女人。

令人肃然起敬的是这份有爱的生活是他一手打造出来的。

在为他做衣橱整理的时候，我发现了他特别幽默、开朗的一面，而且他特别敦厚，从来不反驳太太，即使太太有时指挥错误。他的好脾气、好性格，还有经常去英国的工作，让我对他产生了第一个形象灵感……

我根据他的工作城市、商业场景、兴趣爱好、学历学识，为他设计了英伦学者、商业大亨、海派艺术家等形象。

因着他在我印象中的美好人品，我将他外形上的遗憾全部转换成优势！

他的腿疾，反过来为大亨形象加分。高品质的经典着装，让人们看到一个有缺失却更加被奖赏的生命，人们看到的是一个战胜了缺失、荣耀自己生命的男人。从领带到袜子，一切都是新的、优质的，因为他配得到。我感到，所有优质的服饰在他身上显得特别好看、动人……当他一次次从试衣间出来，他的太太情不自禁地对他说："亲爱的，你还挺英俊的呀，我是不是也得设计设计了，不然都配不上你了。"

他没有头发，刚好体现他的智慧和辛勤工作的一面，所以学者形象很适合他……必须为他找到一副成为视觉焦点的眼镜，塑造他头部的重点，同时也显示他爱读书、学识深厚的背景。

我为他做完形象设计三年后，他和太太请我去他家吃饭。他对我说："玛亚老师，我现在才明白你为我选择的眼镜为何那么贵，越戴我就越喜欢，而且越戴越舒服。"其实，我为他选择眼镜时，并没有看到标价，是结账时店员告诉我那是他们的镇店之宝。我一直秉承最适合的就是最好的，并没有按照价格去寻找。但是，能给他那么好的使用感受，看来昂贵是物有所值的。当时，他和太太都觉得那副眼镜很普通，想不通为何那么贵，我很感谢他们完全相信我，让我们共同印证了一个正确的选择。

我更感谢的是，他身体上所有的劣势都因为他的美好品格转换为极有表达力的优势，使我的设计理念被完整地、强有力地得到印证。这个真实的案例使我坚信我的设计理念是正确的，因为其中的点点滴滴都是我亲身经历体会来的。这个过程并不轻松，虽然我有坚定的信念和信心，却不免紧张和期待，每次试衣间门打开的一瞬间，我都如释重负……那真是充满挑战和得胜的一天啊！

当一个人来到我的面前，准备做形象设计，我就开始寻找关于他的种种密码，那些密码会编辑出关于她(他)的新形象，一个最好的她(他)。对每一个被设计者，我都必须调动所有的一切，全力以赴，直到完成。所以每次完成一个设计，我都会沉默一整天。在那一天里，我什么话都不说。我要让自己完全地安静下来，让一直活跃的情感、思绪、灵感停顿下来……我在别人的美好里，平静下来。我是如此欢喜、满足于看到他人能找到自己的美好，找到最好的自己。

玛／亚／的／话

1. “一个男人是否真的好，要问他的妻子！”美好的品格首先必须是真实的，不是表演。不要为了说明自己是善良的而去善良，也不是为了做一件善良的事而去做。好品格是一个真实的习惯。
2. 不要把职业习惯带到与人相处的空间来，也不要把对家人的要求带到朋友之间来。信任和尊重他人是好品格的第一步。
3. 不竞争，不嫉妒，记得他人给自己的，忘记自己给他人的，有换位思考的习惯，不以自我为中心，不掌控他人。
4. 不模仿，不贪心，是爱美丽、爱时尚的女人要特别拥有的品质。

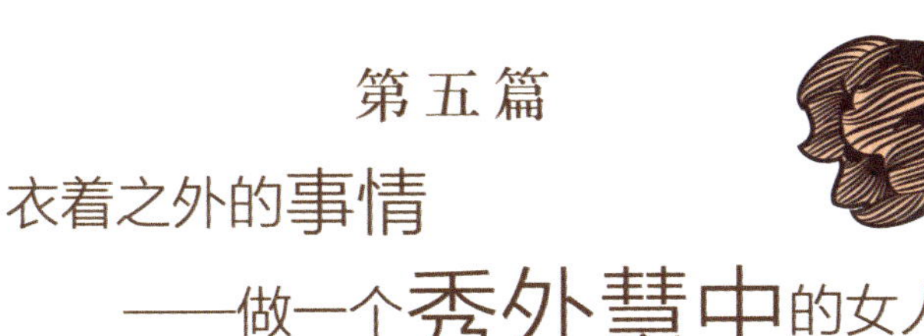

第五篇

衣着之外的事情

——做一个秀外慧中的女人

{ 一 }

阅读——让你的境界健康深邃

我设计的每件衣服都有自己的名字，因为每件衣服都有它自己的故事，从诞生到属于新的主人，它有自己的生命，这些生命都来自我的内心世界。在那个深邃的世界里，我有无数的收藏，它们在我心里活了很久，这些收藏之间还互有往来，会制造出新的故事……这个世界就是阅读带来的。

我很感谢我的父母，他们是非常爱读书的人。在我很小的时候，我就发现读书和书写是他们生活的某种姿态。他们爱看书，爱讨论书中的内容。他们都喜欢记读书笔记，也从书本里增添生活的乐趣，他们会实践书本里的菜谱、饮品、点心……这一切让我在还不认字时就渴望阅读。我很早就开始阅读，一开始是父母给我朗读了很多书，后来我自己开始看。所以，我经常在我的品位课堂上强调阅读的重要性，强调阅读对孩子的影响，当你的孩子经常看到你在阅读时，阅读就会成为他很自然的一种选择。

说句很坦白的话，过了三十岁，严格一点，过了二十五岁之后才开始读书，已经晚了。除非你是那么单纯、相信的阅读者，可以像一个赤子般的吸纳所有的营养和美好，转换为自己的气质和底蕴。

古人说，“腹有诗书气自华”，是很准确的。我在做形象设计时，可以为被设计者塑造知性扮相，但知性气质是无法塑造出来的，因为书卷气真的是书本浸淫出来的。一个人气质的形成，在生命的最初阶段特别重要，那个阶段的读品也将影响一个人至深至远。所以，好的气质要在最初形成。

我特别欣赏杰奎琳·肯尼迪的一句话：“风格不是富有和身份，风格是一种思维方式。”

想要知道阅读对气质影响的重要性，只要对比一下杰奎琳·肯尼迪和戴安娜王妃就清楚了。

戴安娜王妃和杰奎琳·肯尼迪其实有很多的相似之处。首先，她们都是时尚偶像；其次，她们都是离婚家庭的孩子；第三，她们都嫁给了比自己年长 12 岁的丈夫，都通过婚姻拥有显赫的名声，丈夫都不忠；第四，她们都有两个孩子，都很爱孩子。

我特别欣赏杰奎琳·肯尼迪的一句话：“风格不是富有和身份，风格是一种思维方式。”

杰奎琳·肯尼迪是戴安娜王妃心中的偶像，她也是太多第一夫人的榜样。但是杰奎琳和戴安娜的爱好截然不同，杰奎琳一生最爱的是马和书籍，65 岁死于疾病。戴安娜一生最爱的是时装和恋爱，20 岁结婚，36 岁死于恋爱中的车祸。

杰奎琳的人生轨迹是：24 岁嫁给肯尼迪，31 岁做总统夫人，39 岁嫁给全世界最富有的船王，45 岁再次独身，46 岁成为斯堪的那维亚出版社编辑。她说：“我喜欢成为一名编辑，它可以开拓你的知识面，深化你的辨别力，每本书都将你带向不同的道路，这些道路会推动人们向前或者获得益处。”对于一生都在生活而非工作的杰奎琳来说，能够胜任斯堪的那维亚出版社编辑职务，完全因为她从小到老的博览群书。赫鲁晓夫说：“杰奎琳甚至在一些细微的对话中，都能表现出自己智慧的光芒。”奥纳西斯早在杰奎琳寡居前就被她吸引了，他曾对自己的密友说：“她有一个摄人心魄的灵魂。”

戴安娜王妃的经历对于一生坎坷、大起大伏的杰奎琳来说，其实真不算什么。我们可以假想，如果是杰奎琳处在戴安娜的位子上，也许结果会完全不一样，因为杰奎琳从来不会做伤害自身的事情，她有强大的内心世界——戴安娜的脆弱来自她内心世界的单薄。

杰奎琳·肯尼迪十岁就开始阅读契科夫和萧伯纳，一生博览群书，懂得多国语言和历史，也接受过良好的教育，为她未来的身份地位做好了准备。乔·肯尼迪注意到儿媳这方面的努力和独特，认为她能够带来“如此丰富的东西，有助于修补和塑造他（约翰·肯尼迪）的性格……对他来说很难找到比这更好的妻子了”。杰奎琳注重肯尼迪的品位，培养他对艺术、文学、音乐、诗歌的兴趣，引导他从政客成为政治家，不断完善他在民众心中的形象，一直到他生命结束。尽管肯尼迪不是专一的男人，但是他越来越需要妻子杰奎琳在他身边给予他的一切帮助。

杰奎琳是典型的书迷，她对书的痴迷程度，是常人难以理解的。连同样是书迷、同时又是普利策奖获得者——她的丈夫肯尼迪也惊叹：“无法理解她为什么那么喜欢书。”可见阅读是杰奎琳的生活常态。希拉里也曾经拜访过杰奎琳。每次跟杰奎琳在一起，希拉里都从杰奎琳身上发

1.

2.

1. 杰奎琳·肯尼迪
2. 戴安娜

现值得她学习的东西。她也确实从杰奎琳身上学到了很多东西。其中，她印象最深的是杰奎琳对书的感情。杰奎琳的公寓和别墅里装满了各种书籍。桌上和桌下，沙发和椅子旁，到处都堆满了书。整个公寓就是一个巨大的书斋，别墅则可称得上是一座图书馆。

戴安娜王妃喜爱的是零食、懒散、荒废学业、阅读言情小说，因为贵族出身和机缘仓促地进入了华美的漩涡……她从来没有得到过丈夫的真心，很快就在婚后的生活中暴露了自己的肤浅。一直到她去世，我都认为戴安娜是很不幸的女人，因为在和她恋爱过的男人当中，没有一人表现过对她发自内心的真爱。如果没有发自灵魂的魅力，一个女人的美貌能够维持多久的吸引力呢？

要做好时尚，最爱的不能是时尚。

即使是从时尚的角度来看待杰奎琳和戴安娜，也能够看出迥然不同。杰奎琳留在时尚史上的形象被称为是“杰奎琳风格”，但是没有人会说“戴安娜风格”，人们说到戴安娜只会提及一连串的设计师名字，因为她的每一件时装都出自名师。

杰奎琳给我们的启迪就是：她是那么的浑然天成，精致丰富，她可以站在她的丈夫身边，也可以完全成为自己的主人，这使她的一生充满了智慧和冒险、爱情和欢笑、勇气与优雅。在杰奎琳的葬礼上，友人对杰奎琳最后的爱人莫里斯·塔姆普斯曼说：“这些年，杰奎琳多亏有你。”莫里斯·塔姆普斯曼回答说：“不，是我的荣幸。”

“你读什么，你就是什么。”这是一句箴言。我对阅读的渴求来自阅读本身，每当读到一本好书，我就会警醒地想：还有多少书我没有读啊！了解人，了解生命，了解世界……是形象设计师的必修功课，因为再也没有哪种设计是如此直接地在人身上完成的了。没有人知道，我常常会在阅读时给书中的人物穿衣服，而有时，在阅读的过程中，一些完整、生动的形象会随着情节自动浮现在我的脑海里，好像我原本就认识他们一样……

美好的阅读是让人拥有美好内心世界的必经之路，在书本世界中沉浸过的阅读者，会有独特的沉静深厚气质，与之交往，你会感觉到他内心的深沉和广阔，抒情和优美……这些无以名状的气息会让他身上的服饰拥有只属于他的光彩。

玛亚推荐的书

《查令十字街 84 号》

我应该从哪个角度来介绍这本小书？这本书使我感动的地方实在太多、太多。我想，如果这本书在这个时刻、这个章节出现，应该先被推荐的感动是一个人对阅读、对书的热爱吧！这种爱，使人显得高尚和可贵。

查令十字街 84 号如今还在那里，虽然已经面目全非，我还是在第一次抵达伦敦的当天找到了它。我站在它的门口，在冰凉的墙上献上了我的一吻，也是海莲 · 汉芙小姐的一吻，因为她曾经令人心酸地嘱咐全世界：“你们若恰好路过查令十字街 84 号，代我献上一吻，我亏欠它良多……”我多少次地背诵过此句，为什么此刻还是热泪盈眶？只要读过你就会有答案了。

又穷又幽默的编剧、独身的美国老小姐海莲 · 汉芙，因为看到一则小广告上登载了英国的查令十字街 84 号的“马克斯与科恩书店”收购

并出售她迷恋的绝版书、珍本，就给书店写了一封短信，询问是否有她需要的书籍，“马克斯与科恩书店”马上给她回了信……这就是《查令十字街 84 号》一书的开头。这本书就是以海莲 · 汉芙小姐和“马克斯与科恩书店”的书信组成，你却可以清楚地感受到书中每个人物的性情和故事，而海莲 · 汉芙小姐却越来越动人地使得这个萍水相逢的故事发展得有声有色、有情有义！

海莲 · 汉芙小姐那句“我厌恶读新书”的心声真是深得我心。我特别讨厌爱惜书的人，就是那些生怕书页有一点折痕、一点污渍的爱书人。我喜欢有生命的书：画了线、写满批语、上面有果汁……它们都是我的珍品，宝贝。我也喜欢买二手书。有一天我走在一条安静的路上，一辆平板车一晃而过。我突然回头叫住：“等等！”因为在车子经过的一瞬间，我扫到了一本书的封面，某种油然的直觉使我看到了我要的东西。在那辆平板车上我买到了好多本很不错的二手书，都是从到深圳来暂居的外国人手中收购来的……在拿着书离去的瞬间，我想到了海莲 · 汉芙小姐。并且，在那一瞬间，我想一定还有人在想着她，全世界的爱书人都爱她，有那块钉在查令十字街 84 号的铜牌为证——“查令十字街 84 号，因海莲 · 汉芙的书而举世闻名的马克斯与科恩书店原址”。我的吻，就在那块铜牌下方。

《枕草子》

学习清少纳言的敏锐和生趣吧，来欣赏她一语中的的审美力和难得的大气吧。说难得，是因为我一向不爱日本文学，读起来，很憋气。阅读，是快乐。哪怕读得哭了，也是快乐。但是日本文学，从我少女时读

《伊豆的舞女》开始，就从来没有给过我快乐。唯独《枕草子》，让我耳目一新。有女人的细腻，却没有女人的立场，仿佛什么都在她眼里，又都激怒不了她。清少纳言，我看她颇有做形象设计的天赋，她对服饰、色彩、香氛、房屋装修、人情冷暖都很有见地和眼力。

对于深刻的事物，她三言两语就清澈见底地阐述完毕。她对“高雅的东西”、“漂亮的东西”、“优美的东西”都有很让人惊喜的描写。比如有篇文章叫《一直过去的东西》，全篇只有一句话——“毫不停留地过去的东西是：扬帆的船，一个人的年岁，春、夏、秋、冬。”这样参悟性的短文很不少，看得人非常惊喜。还有审美上的《短得好的东西》——“短得好的东西是：正在缝纫的针线；灯台也是矮的明亮；身份低下的女人的头发，这是整齐而且短得好；姑娘的讲话。” 记得她形容人的容貌之美，跟绘画和好看的屏风都不一样，那些看几次就不想看了，但是美丽的容貌却百看不厌……可见清少纳言的爱美之心。

她的文字慧黠轻快，真是难得的日本才女。文学评论说她影响了日本审美和散文，我却再未见过超越她的。有文人推荐周作人翻译的《枕草子》更加好，两者对比看过，不以为然，我认为还是现代版本好。周作人的老文字与日本人一搭配，口感做作了几分，清少纳言在字里行间的非凡气质就减弱了，读《枕草子》还是要新版本的好。

《理智与情感》和《傲慢与偏见》

我会同时推荐这两本书，其实我认为在这两本书里，简·奥斯汀都在写同样一群人。在《理智与情感中》中，她描写了一个端庄、节制、忍耐、品格高尚的姐姐，淑女埃莉诺，理智得差点把自己的爱情也牺牲了。妹妹玛丽安则是一个冲动、纯真、热忱、痴情的爱情至上者，差点为了爱情把命都丢了。然后就是非常重承诺的绅士爱德华，差点因为成全品格把婚姻葬送在不忠诚的女人手里（跟埃莉诺真是绝配）。然后就是反派角色威洛比，集魅力和爱情技巧于一身……所幸的是小说的结尾皆大欢喜。

在《傲慢与偏见》里，我看到在《理智与情感》中的淑女埃莉诺被添加了美貌与温柔，但仍旧是理智和隐忍的，有了美貌，想做自我牺牲都难了，而且身边有个仗义的贴心妹妹伊丽莎白。妹妹这次仍旧是与姐姐相反的性格，延续了《理智与情感》中玛丽安非真爱不嫁的执著，但少了玛丽安的冲动，变得能言善辩，在社交场合不再失礼，懂得自我保护，可进可退。反派角色仍旧像威洛比一样对妹妹有吸引力……

不过这次的男主角相当精彩，仍旧像爱德华一样一诺千金，却全无他的软弱，是个比爱德华有力量的绅士，简直完美——很显然，奥斯汀偏爱妹妹这个角色更多些，如今达西先生已经成为全英国的女人最爱的梦中情人。爱德华的软弱和温良就移植到了姐姐的爱人身上，又是一对绝配。结局还是皆大欢喜。我从自己的发现和角度里，看到奥斯汀在塑造这些人物时，在不断地完善他们的品格和形象……

对我而言，读这两本书是很有趣的阅读经历，我在书里发现了很多奥斯汀本人的偏好和性格特征，因为她是我喜欢的女作家之一，这种阅读中的发现无疑是极大收获。可惜我早就毕业了，否则我可以洋洋洒洒写篇毕业优等论文，遗憾在学校时我无法有此发现。所以阅读是一门终身的功课，好书可以一读再读。

这两本书，可以说很生动地描绘了淑女、绅士应该有的为人处世的态度以及礼仪。当某些美好的品格被放置在一个鲜活的故事中，会更加令人容易体会。埃莉诺和达西正是淑女和绅士的典范，他们身上的瑕疵也都是必须的存在，因为只有上帝是完美的。

《霍乱时期的爱情》

选择它时，又略有犹豫，我也想选《百年孤独》，但是，出于爱情的原因，我还是选择《霍乱时期的爱情》。我觉得没有哪本爱情小说写得比它更为诚实了，以至于在书中情节达到最为凄凉惨淡的时候，我仍旧感受到因为诚实带来的幽默和感慨。阅读它，真的很快乐。书里所写的人与事就像一粒卑微的尘埃，当你细细品味时，却惊愕地发现一个庞大的宇宙，神奇不已……这就是拉丁气质，混合了各种角度，使我在一个没有经历过的世界里发现了我所见到、所知道的一切，它们奇异地混合在一起，使人产生某种确信。明明书中的一切透着残酷，却让你向往不已。

这本书，让我在很年轻的时候就领略了和生命之间不必解释的默契，也让我在任何时候，保有一份魔幻和幽默来看待生命和身边发生的一切。这本书让我始终都有一个秘密的角度来看待人与事，让我脱离所在的环境。而且，拉丁文学让我了解了混搭的精髓，这种精髓的具体所在在书中并看不到，却又真的是从拉丁文学而来——这大概就是文学的神奇吧。

《追忆似水年华》

这是一本让我了解巴黎、了解法国、学会做玛德莱娜点心的书……它带来的世界远远超越它所描写的，不过它所描写的已经足够繁复了。那整页整页都看不见段落终结的句子，曾经让我感到结束阅读的遥遥无期。但是我终于在阅读中完全了解了“法式”两个字的底蕴……这本书让我很容易了解香颂的歌词，让我了解法国品牌设计的心态和表达语言，正如书中的话：“美——在女子优雅的问题上——是由一些神秘的法则决定，她们早已对这些法则了如指掌，并有能力将美变成现实。”

《第二十二条军规》

这是我最早喜欢的美国小说之一，另一本叫《洪堡的礼物》。《第

二十二条军规》被称为黑色幽默小说的鼻祖。要知道它的风格，我只需要告诉你当我把小说情节复述给他人时，曾经让人真正喷饭。看来我也继承了父母的习惯，喜欢在饭桌上分享阅读……有趣的是，我竟然可以轻易背诵其中最为幽默的句子，因为实在太精彩。熟悉我的人都因为我对相声、小品之类没有兴趣而以为我拒绝轻松，其实不是，反而是由于我很早就接触过真正幽默的阅读。幽默是有深度、有智慧的，跟滑稽、出洋相是完全两回事，这是我看很多小品笑不出来的原因，因为我不知道为什么好笑。所以，好作品会让你有一个阅读起点，这个起点会淘汰许多不必要的阅读，因为要读的书实在太多；好作品也会培养一个人骨子里的大气。

好作品会让你有一个阅读起点，这个起点会淘汰许多不必要的阅读，因为要读的书实在太多；好作品也会培养一个人骨子里的大气。

你也许要问我，这些与时尚何关。我的回答是：没有关系。虽然我曾经写过托尔斯泰的《安娜·卡列尼娜》让我懂得了黑色美丽的深沉原因，但是我从未为了时尚而去读书。阅读好书会让我不一样，让我认识人，让我了解世界的疯狂和生命该如何自处……它让我懂得什么是度，什么是和谐。我在形象设计中应该把握的度，是高于色彩、款式的，生命很容易就落入笑柄而不自知……真正的认知世界和人，可以很好地脱离做作，达到设计的自然随意。理解美式的幽默能帮助我理解美式休闲服为何在世界做得到那么完

好，因为在令你发出那样彻底的笑声之后，着装才会做到某种完美的放松。后来，当我遇到《紫色》这本书时，我完全不吃惊于那悲惨的际遇里绝不控告的语调了。我热爱这种镇定，幽默不是一种消遣，幽默是一种能力，一种力量。

这些是我在年轻时读过的小说，它们对我的影响是至为深远的。当时读了很多书，但是这几本使我有另外一个世界。在那个世界里，我会重新定义我遇到的人和事，使我对外界有不同一般的反应。有个很有趣的现象，当我和写作者在一起时，他们会问我：你都看了些什么书？当我和时尚圈的人在一起，他们会问我的是：你最喜欢什么品牌？我盼望他们会互相交换问题，因为时尚无一不是来自人生，单单浸泡在时尚里做时尚的人不会是时尚的智者。

玛/亚/的/话

1. 养成每天阅读的习惯，哪怕看一页。枕头边、茶几上、拎包里都有自己要读的书。可以同时读好几本书都没关系。
2. 在银行里、车上、飞机上、地铁里都可以读书，排队的时候也可以读书，所以包包里常放一本书。
3. 书边备有笔，重要的启示要用线条标记出来，旁边可以写上心得笔记，下回再读就可以只读重点了。好书值得一再读。
4. 学会链接式阅读，书中提及的人和其他书，可以去找他们的资料和书来读，慢慢形成自己的知识结构。
5. 少花时间在网络上，重要的事情自然会有人告诉你，过眼烟云的文字会耽误你太多宝贵的时间。
6. 读有启迪性的好书，它们才会开启你的人生境界。跟爱读书的人做朋友，可以减少肤浅的聊天。

{二}

音乐——让你的情怀宽广浪漫

在品位课堂的音乐课里，我曾将《肖申克的救赎》中的一组镜头作为开场白，我想没有什么言语可以比那个场景更能体现音乐带给人的震撼了。影片主人公安迪用慈善捐助来的唱片，违规播放给全监狱的狱友听，所有的狱友在音乐响起的一刹那都被定住在原地，忘了手中的劳动，忘了身在何处，音乐释放了他们，他们仿佛被某种神圣的美笼罩着。正如安迪所言："有音乐才不会忘记世上有些地方，是他们管不住的东西，是完全属于你的。"那是莫扎特的歌剧《费加罗的婚礼》……狱友在回忆中说："我从不知道他们在唱什么，但此时无言胜有言，他们唱出的难以言传的美，美得令你心碎。歌声直升云霄，超越失意囚徒的梦想，宛如小鸟飞入牢房，使石墙消失无踪，就在这一刹那，鲨堡囚徒仿佛重获自由。"我用这组镜头和大家分享音乐对人的影响是多么重要，音乐的陶冶会让人对美产生无形的崇敬。我们对美的爱，需要不断地增加深度，否则容易耽于虚荣和流行。

每当我坐进一辆车里，音乐会帮助我判断车主。有一次，我竟然在

一辆车里听到一段电台的情感节目，令我震惊的程度实在难以形容。主持人像个审判官一样点评来电者的提问或者疑惑，语气犀利而又现实，使得提问者完全处于被审判、被贬斥的位子，可怜又可悲，并且显得没有盼望……我有点不相信自己的耳朵，这样的节目也可以？但是车主却听得津津有味，令我十分失望，内心要匮乏到何种地步的人才会作此选择呢？我明白“存在就是理由”，但是我相信“存在并非好理由”的道理。我不敢相信常常让耳畔充斥着这些失败与批评论断的话语，能够培养出一个人优美的气度和风范。所以，我曾经嘱咐品位课堂里的绅士们——留意你车里的音乐！

我很感谢我的父母，他们爱音乐，他们在阅读和音乐上的品位与选择帮助我在很幼小的时候就有了鉴赏力。在我读中学的时候，父亲每个月都会带我去一次唱片行，看看有没有好的新唱片。当时家里的唱片非常多，大多数是古典音乐，还有不少外国歌曲，也有外国电影的对白朗诵……我的邻居后来回忆我从前的生活习惯，都说只要音乐响起来，他们就知道我放学了，因为我的房间靠着阳台。

我曾经在品位课堂的音乐课里对台下的母亲们说：要在孩子叛逆期之前就培养出他们有审美能力的耳朵和眼睛。好的书本和好的音乐会使孩子在青春期避开危险的诱惑。一个喜欢听古典音乐的人，是很难去模仿吸毒的摇滚歌手的生活的，因为那样的音乐对他很难产生吸引力。我的少年时期，充满的都是古典音乐的旋律，它们影响我的审美之深，在我做了形象设计之后才发现。不论我自以为多么现代、浪漫，爱我的男子都认为我是古典的，这就是音乐给人的陶冶，是你自己看不见却留在你身上的印记。

> 要在孩子叛逆期之前就培养出他们有审美能力的耳朵和眼睛。好的书本和好的音乐会使孩子在青春期避开危险的诱惑。

从阳台飘到邻居家的音乐，是我关起门来横躺在床上听的。学校总是无法吸引我，放学之后仿佛才是一天的真正开始。我有自己的房间，自己的书架、唱机，自己的抽屉和接待自己客人的藤沙发……门德尔松是我在14岁的夏日最爱的，永不厌倦地一遍又一遍地听……那年冬天，则是柴可夫斯基全套的《天鹅湖》，跟两小无猜的William和他的妹妹Melissa。洗过头发之后，William帮我轻轻地梳理头发，三个人安安静静地一遍遍地听《天鹅湖》，以至于我们都不记得那个冬天我们还做过什么。那些再也不会回来的日子啊，湿湿的长发，音乐里天鹅残残的落羽……纯净的季节。

《伏尔塔瓦河》

15 岁，我开始因为音乐而流泪，那就是《伏尔塔瓦河》。

《伏尔塔瓦河》，出自捷克民族音乐之父贝德利奇·斯美塔纳的《我的祖国》，它是一部含有六首交响诗的组曲，其中最为著名的是第二首《伏尔塔瓦河》，这是斯美塔纳在管弦乐领域写出的最佳作品。近年，当我在萨冈的书里读到她曾和友人一起整夜听《伏尔塔瓦河》时，才明白自己对它的爱并不偏执。要求友人和自己一起反复地听《伏尔塔瓦河》是我做过多次的事情，我甚至发过内心誓言：如果有谁和我对它的感受一样，那么他就是我此生知己。我一个也没有遇到。现在想来虽然有些可笑，但还是会被自己对它的偏爱感动。十年前，我在时装公司做设计时，曾经邀请三个好友，要求他们绝对安静地聆听《伏尔塔瓦河》。听完之后我问："什么感觉？"他们迟疑地解释着自己的感受。我有些失望，执著地说："再听一遍。"仍旧要求绝对安静。听毕我忍不住说出自己的感受想启发他们，但是他们并不同意……那一次之后，我再没干过这样的事。

《伏尔塔瓦河》让我流泪，也让我保持某种最美丽的孤独，但这孤独却一点儿也不脆弱，在这种孤独里，我很饱满，很丰富，很坚定，既汹涌又温柔……在 15 岁的傍晚，我横躺在自己的床上，让泪水尽情地从眼角奔流到头发里，滴落在床单上。我确信自己就是在那一年慢慢成型为自己的，我从那条河里看到了生命的曲折而美妙，强大并且温柔……从 15 岁开始，伏尔塔瓦河进入我的生命就再未离开，它参与了对我性格的塑造。

在 1939 年，首场“布拉格之春”音乐会上，在场的捷克人，包括总统瓦斯拉夫 · 哈维尔，都为这首《我的祖国》激动万分地潸然泪下。如今每年的 5 月 12 日，也就是捷克民族音乐之父斯美塔纳的逝世纪念日，音乐会即在布拉格开幕。

《巴哈贝尔的卡农》

这十年，我最后一次整夜听音乐就是《D 大调—卡农》。当时是一位鼓手为我下载了几种乐器演奏的《巴哈贝尔的卡农》，当时市面上根本还没有这张碟，他告诉我叫《Canon in D》。

在大雪纷飞的夜里，室内温暖得只能穿一件白色的 T 恤，我穿着平脚的弹力短裤和一双灰色的羊毛袜，跟着《巴哈贝尔的卡农》不停地舞蹈……然后站到阳台上接雪花，那一点也不疯狂的旋律在我的记忆中留下了绝美的极致。那一年，我把那几首不同风格的《Canon in D》听了一整年。现在，每当我听到它，就能想起我当时的步伐、每天经过的树木、那些开满紫荆花的道路和心情……那种不断盘旋上升、持守着的奇妙和深沉的美，那些简单而又不肯堕落的忧伤，那活泼而又驯服的生命啊！

巴赫曾经说：“如果音乐家不能把音乐献给上帝，就无法成为伟大的音乐家。”巴哈贝尔是巴赫的老师，我从巴赫的话里领悟到音乐的伟大。我也很喜欢韩国电影《我的野蛮女友》中对《Canon in D》的运用，它的运用使这首曲子很快流行起来，如今常在商场听到它，令人莞尔。

西莎莉亚·艾芙拉

有一个歌手，忧愁时我听她，开心时我也听她，那就是西莎莉亚·艾芙拉。

这位赤脚天后的生命就是盼望的传奇，她不美，老了，并且胖，每天赤脚在码头和岸边的酒吧里唱歌为生。在她四十五岁的时候，上帝向她伸出了手，使全世界认识了她上天恩赐的歌喉，她被称为“西非天后”、“世界乐坛的比莉·哈乐黛”，成为麦当娜的偶像。西莎莉亚的声线完美天成，有股对天引吭的风声，风里有黄沙弥漫　融合了非洲的节奏、爵士的迷人、拉丁的摇摆……以独一无二的质感和风格直抵现代音乐舞台。

我常常感慨于西莎莉亚的命运，在一无所有的光景里，她对音乐的至爱让她活出了生命的魅力。我见过她在舞台上的演唱，为了纪念她的贫穷和家乡，她保持赤脚上台，没有什么动作，歌声一出，就有震撼心灵的感动降临，为她响起的掌声没有一丝会是敷衍。你听不懂她唱了些什么，但是她会唱到你的心里去，你会跟着她忧伤和陶醉，跟着她摇摆……你听到那就是生命在歌唱，那里面有你我都可能会有的命运。

面对西莎莉亚，我感觉在音乐面前人可以变成赤子，被音乐滋养着纯真的心性，在音乐里，我感谢着生活，感谢美，感谢爱……当生活中只剩下你时，西莎莉亚的歌声会重新燃起你对生命的热望。

我想着麦当娜对西莎莉亚的崇拜，因为她拥有的一切西莎莉亚都没有，她看到一个女人从音乐里崛起的了不起的人生，看到去除了一切包装、一切心机支撑的真实的成功。我不晓得她还看到了什么，也许她会设想，假如上帝把她生在佛得角那样一个穷困潦倒的家里，她是否能坚持歌唱？她是否会为能穿上鞋而奋斗，而不是为可以继续唱歌活着？在西莎莉亚身上，我看到了某种纯粹的追求，这使西莎莉亚的形象有着用

西莎莉亚・艾芙拉

人手打造不出的分量和高贵——她是那么认可自己的命运，她的歌声就是感恩。

伊迪斯 · 琵雅芙

卡地亚曾经有个小礼品，是个精美的音乐盒，经典的卡地亚红，上面庄重地印着卡地亚的 LOGO，当我从盒底拧紧发条之后，里面传来一首香颂……你觉得以卡地亚顶级法国大品牌的地位，它会选用哪首歌曲来代表法国品牌的形象、来代表卡地亚的品位和精神呢？当它的广告宣称“爱是一个颜色，一个名字”时，什么才能代表这个颜色和名字呢？《玫瑰人生》就这样悠扬地从音乐盒里飘荡出来，成为“皇帝的珠宝商，珠宝商的皇帝”的声音……

既然“所有的流行歌手都是伊迪斯 · 琵雅芙的后代”，那么卡地亚的音乐盒里就非《玫瑰人生》莫属了，它正出自伊迪斯 · 琵雅芙之手，是她热恋时的作品。《玫瑰人生》对法国人来说比《马赛曲》还重要，因为它代表了法国人的价值观。

对我来说，伊迪斯 · 琵雅芙是她自己的奇迹，你只要听到她的歌声，会猜测她一定有一个强壮的体态，绝想象不出她是那样的娇小玲珑。

1

2

1. 伊迪斯 · 琵雅芙
2. 比莉 · 哈乐黛

她大概和玛格丽特·杜拉斯一样高，属于那种孩子般的高度，但是她们都有惊人的能量。只是伊迪斯·琵雅芙的生命太短暂了，仿佛歌声消耗掉了她生命的一部分。她不是用歌喉在唱歌，而是用生命在唱，每次听到她唱《不，绝不后悔》，我都会泪湿，我知道那是她用生命歌唱生命，她的生命，一朵玫瑰的极致，极致到让你不忍评断任何对错……

伊迪丝·琵雅芙很早就衰败了，去世前，她的形象已经像一个老妇，无法挽回地苍老、佝偻、心力交瘁……让我看到肉身是无法摆脱内心而独自强大的。如果精神崩塌、绝望，形体就随之朽坏了。尽管如此，法国人仍旧穿戴庄重地想请她出来唱歌，因为她是一种代表，她之后的香颂都没有了燃烧的穿透力。我在那无法修补的形象里还是看到了一个人的尊严可以由无法替代的才情支撑，这让我领悟天赋才华在形象塑造中的能量何其大。像比约克、朱哲琴都属于这类身材娇小、但是可以驾驭能量感和夸张造型的女性，全因她们不仅才华横溢，而且还有追求超出舞台之外的能量。她们可以驾驭的，麦当娜反而驾驭不了，因为后者没有那份脱俗气质。

比莉·哈乐黛

要怎样形容比莉·哈乐黛的歌声呢？只要去聆听翻唱她歌曲的其他爵士歌手就明白了——她真的无法被模仿，连相似的可能都没有。多莉·艾莫丝其实是我非常喜爱的另一位歌手，她翻唱过比莉·哈乐黛的歌，她并没有模仿，而是用了自己的演绎，但是一唱之下才知道差距不是一点点……我只能说，这不是可以练就的。

所以，当人们要形容某个歌手的地位有多么高时，总是会说她是某某领域的比莉·哈乐黛或者某国的比莉·哈乐黛。因为在爵士乐的王国里，爵士乐歌手被分为两种：第一种是比莉·哈乐黛；第二种包括其余的所有歌手。这种定义我想很难被颠覆了。我听过爵士乐歌曲最经典的曲目，在那之中，比莉·哈乐黛的《奇异的果实》可以说是爵士乐的绝唱，由时代印记、历史情结、比莉·哈乐黛悲惨的命运共同完成，是其他经典无法超越的一首。比莉·哈乐黛，让人们听到忧伤的极致。

写到这里，我又想起自己钱包里那张快褪色到看不清的收款收据，是在香港唱片行订购的那张收录有《奇异的果实》的比莉·哈乐黛原声 CD。一年多了，每次去香港都安排不出时间去拿，我不知道自己是否在潜意识里害怕沉迷在比莉·哈乐黛的声线里，但是她的声音又怎能忘却。萨冈这个疯狂的人让我不得不去阅读的原因之二就是她“是在比莉·哈乐黛的歌声里长大的”，而且她竟然跟比莉·哈乐黛度过了十五个夜晚，在纽约郊区的酒吧里，在凌晨四点那样的时段里，坐在比莉·哈乐黛的面前，看着她唱歌……这就是为什么，在萨冈的回忆录的首篇就是“比莉·哈乐黛”。有时，这两个女人会一起令我起疑，是否自己也跟萨冈一样疯狂，只是没有疯到同一处？是否我和比莉·哈乐黛一样看到了命运，只是她在那里，我在这里，我不忧伤？然而听过她之后，我怎能不忧伤？

如果你问我，为何要在此时此地书写比莉·哈乐黛？我只想说，如果我认识了比莉·哈乐黛这样的生命，我会尽心尽力地为走到我面前的每一个女人做设计，因为我要她们不忧伤，虽然“我才当你见到我，我只是那其中的一件事情……”比莉·哈乐黛曾经这样唱。听比莉·哈乐黛，她会和爵士乐一起告诉你另外一种财富，那是只能被赐予，而无法赚得

维也纳少年合唱团

的，那种财富教会我的，也已成为财富。

我记起我的一位客人，曾经在首次导购之后的次日早晨发来短信：亲爱的，今天醒来看着房间里、地上、椅子上的新衣服，我充满了对生活的爱，我觉得生命真美好啊！

维也纳少年合唱团

讲到造型中的清洁感，跳出来的不会是白色这类具象的联想，而是少年的合唱声，这是永不会厌倦的、洗涤性的倾听。

清洁感如果和洁癖画上等号就完了，最怕那种没晒过太阳似的、被酒精消过毒似的清洁。生命力，是所有造型中最动人的一环，如果清洁感没有了鲜活的生命力，就是被迫的。喜欢听合唱，也是受父亲影响。

喜欢维也纳少年合唱团很久，最喜欢在周末起床后听，是那么干净动人，那么生机勃勃，仿佛满屋天使……

曾经在音乐厅听过一次他们的演唱，真实可爱得无以形容，也许他们在台上的真实加强了声音的纯洁。我曾经因为座位在第二排，与台上一个男孩的视线形成自然的交集，每次目光对接，他总是发出微笑，在一曲停顿之间，他会用眼睛和笑容与我打招呼。我从来没经历过那么美好的小男孩，可以集教养与活泼、自由和规矩于一身……我为他感动，也为那夜的音乐感动。

我总是对穿得过于规矩的设计师说：再突破点，我已经知道你很乖了，请穿得更有创造力！清洁的生命更需要自由度来表现活力，清洁不是来自束缚，清洁来自自由，因为我们有自由选择清洁！

如果你一定要问我音乐对形象有什么作用，我只能说，音乐让我对每一种形象背后的生命有很深的理解。形象设计如果只是穿衣服，那恐怕不是值得我追求的事业。

玛／亚／的／话

1. 养成听音乐的习惯，家里、卧室、书房都应该有音乐。

2. 要区别开真正的音乐和音乐商品。

3. 关注你所喜爱的音乐家的故事，这会使你对音乐的理解更深。

4. 收藏自己喜欢的音乐品类和音乐家作品。

5. 重要的是聆听，而不是追求音响器材。

{三}

常喝一杯使你从容的下午茶

我不曾因为逛街或者闲逛而觉得疲累过，只有一样事情可以叫我停下来，那就是喝杯下午茶。我喜欢巴黎冬天那奇怪的天气，在一天之内经历灿烂的阳光、冰冷的阴霾、漫天的飘雪，我觉得巴黎人独特的浪漫情怀绝对与这天气有关，巴黎的天气是造就巴黎人气质的一部分！我喜欢在下雪的时刻，坐在街边的咖啡座里喝杯下午茶，看美丽的陌生人仍旧从容地行走，看他们亲吻相见、又亲吻告别……我更喜欢英国寒冷的下午四点钟，无论在哪里，一杯下午茶会使我心满意足……如果我不能停下来，一切使我热爱的就不能称其为享受了。我爱下午茶，因为一切都可以因它而停顿。

在我经历的被设计者中，有些人的不能坚持是因为忙碌，我想他们都是没有下午茶的人，不是无法拥有，是他们没法让自己停下来领略一杯下午茶里的安息。

我的下午茶给我带来的快乐由来已久，不论在家还是在公司，喝下午茶都是一个习惯，只要我说喝茶啦，每个人都会欢欣鼓舞，在下午茶里度过的快乐时光真是无数。对我来说，为下午茶烘焙点心更是一份恬静与全然的休息。

可能你不能想象，烤点心其实是一种很好的休息。我在烘焙下午茶点心时从来没有觉得累，我会全神贯注。而且非常奇妙的是烤点心会令我停止一切思虑，我会单纯地沉浸在制作里，每送一盘点心进了烤箱，我的心就十分满足于那份期待，等着满屋飘香的时刻到来……我知道养花和喜欢园林的人们也会有这样的心情，只是他们需要等待得久一些，我则可以立即享受那份“培植”的成就感……每当看到一盘又一盘的点心被烘制出来，我的心充满了甜蜜。吃点心并非我最开心的，让很多人一起品尝，那才是我最开心的时刻。

对于我的客人们来说，定期的下午茶其实更多的是让他们记得停一下，记起一些美丽的事情……我们会在下午茶时光里看电影、怀旧、唱歌、讲故事、分享人生数不尽的美好话题，当然少不了时尚流行里隐藏的历史与情怀……我发现，下午茶之后，很多人的语调都会变得温柔、抒情了许多。亲爱的，我们多么需要这杯下午茶啊！请记得钟敲四点时，停下手中的一切，端起一杯热茶吧。

我一直很热衷讲的课就是《慢生活与下午茶》，我也曾经被企业请去讲下午茶课，这使我很诧异也很钦佩这家企业，竟然要把下午茶引进到他们的工作中，因为他们完全接受“闲暇出智慧”这个理念了。我还有一个梦想，就是有自己梦想中的下午茶连锁店。

玛／亚／的／话

1. 为家人、客人各准备至少一套好茶具，为自己的伴侣准备好二人世界享受下午茶的好茶具，天天使用——至少在周末要用到。
2. 多尝试各类茶、各品牌的茶，找到自己的所爱。
3. 学会做点心。奶茶适合简单的点心，纯红茶适合复杂的花式点心。
4. 最重要的是每天都会想着该停下来喝杯茶了，这才是拥有了喝下午茶的精神，没有这个，下午茶就只是一种矫情的装饰品。
5. 出差时也记得带上自己喜欢的茶叶，让自己知道，无论在哪里都没有什么能剥夺你美好的习惯。

第六篇

持守你的美好

{一}

要做好时尚，需要超越时尚

不止一次，无论媒体还是同行，都问过我：你是怎样看待时尚的？你是怎样做到这样的？你是怎么想到这样来设计的？

一开始我并不知道如何回答，因为我没有刻意地这样或者那样去做，仿佛我就是只会这样做，只会有这样的想法和作为……被提问过多次之后，也迫使我认真思考自己应该怎样回答，自己的想法从何而来？所以，现在有人问我这类问题时，我会坦白地告诉他：“因为我最爱的是超越时尚的那些事物，是时尚之外的那些。”我对身边一起工作的设计师们说得更为直白：“要做好时尚，最爱的不能是时尚。”

其实，我自己在穿着上一点也不追求事物本身的完美，我追求的是气息的考究。比如，我的衣服码数从S到XL都会有，有时一件衣服稍有瑕疵，或者没有我的码数，但如果很合我心意，我也会买下，只要是我喜欢的。

我很清楚自己能穿什么，我要传达的是某种适合我的情调和气氛，而不是那件衣服本身。我知道什么东西在我身上会呈现只属于我的完美，那就够了。

我很清楚自己能穿什么，我要传达的是某种适合我的情调和气氛，而不是那件衣服本身。我知道什么东西在我身上会呈现只属于我的完美，那就够了。不过，这决不能效仿，因为每个人的身材特点不一样，如果你非常在乎衣服本身，码数不对、略有瑕疵就会被你自己放大，会不好看。衣服，始终得与性情合一。

{二}

改变的不仅是外表

有一位客人，是电视台的编导，她非常可爱地告诉我，从前她穿了新衣服，同事会说“新衣服挺好看啊”。如今，人们看到她的新面貌，常常是长时间地注视着她，但是说不出话来，她说：“现在的美是叫人无法解释的美，他们看到我不只是穿了新衣服而已，而是发生了一些改变，却说不出哪里变了。”——这就是新形象的魅力，魅力是无法言传的。

还有一位客人告诉我，她从来不知道形象的改变还会带来与丈夫感情生活的改变，当她和丈夫去酒店庆祝他们的结婚纪念日时，她一天之中换了三套衣服，每一次都给了丈夫极大的惊艳，丈夫感到非常惊喜开心……第二天，她的丈夫竟然配合她的着装来调整自己的穿着了……可以想见，这个纪念日留下了他们多少美丽的回忆和影像啊！

另外一位客人，原来完全居家度日，因为坚持追求全方位的形象改变，现在不仅自身形象得到了改变，自己还开始读书、学习钢琴，变得十分自信、从容……

还有一位客人，住在豪宅里，身穿华服，但是客人来了却用一次性纸杯待客，与她的环境身份极不协调，后来因为做形象设计，也一边进修品位课程，还经常来参加我们的下午茶活动，现在，她已经完全蜕变成一位优雅的女主人，谈吐得体，衣妆动人……当我们再去她家，她已经会用精美的茶具招待我们了。写到这里，我要特别感谢在本书的案例中出现的六位美好的女士，她们愿意将自己的改变化作对他人的祝福，以此来鼓励更多的女性活出自己的美好。

我想起儿时的许多日子：父母常常人手一本书，静静地度过夜晚；饭桌旁，是他们最喜欢交流读书心得的地方；不论到哪里，他们都喜欢买书给我当礼物……这些，使我以为读书是生活中一个最平常的姿态，我甚至曾经以为人人家里都是如此的。

当我的母亲用一套开着淡金色玉兰花的皂蓝色茶具一次次沏茶待客时，当她总是用一杯温度适宜的茶迎接下班回家的父亲时，她给我的教育是那么无声而又深刻，她免去了我日后许多的懵懂和寻寻觅觅。所以，每当为一位女士做完形象设计之后，我总是为她的孩子感到欣慰，因为美好的形象是一个母亲可以给予孩子的日常教育。

我还想起，小时候跟母亲去看电影《叶塞尼亚》，她牵着我的手，却让我害羞，因为她太引人注目了，她穿着外婆留下来的麂皮鱼嘴契跟鞋，卡其色的哔叽铅笔裙，上面一件白底飘着淡褐色几何小方块的衬衣，整洁的短发，手里拿着一条手帕……身边所有经过我们的人都会回头向她注目，她从不化妆，肌肤如雪。我对静简之美的热爱，也是因为母亲一贯的审美和风格，虽然我在年轻时也曾受到过颓废和叛逆装束的诱惑，但是我毫不费劲地很快就回到了让我觉得神圣的美好当中，因为我经历过这种美带来的尊严和永不衰败的魅力。为人父母的美好形象，会让自己的孩子受益一生，并且代代相传。

我很感谢我的每一位客人，是他们和我一起持守了这份将会传承下去的美好，是他们让我看到了这一切“小事”的重大意义。我也从他们身上看到了美好的见证，那就是，一旦得着了美善赐予的新生，就无人能够再离开，人生也将在这样的持守里被永远祝福。因此，我盼望每一个人在经历过形象设计后，能完全进入一种全面的更新，因为真正的改变不是只有外表，也不是只有一季，而是永远。

后记

走在“世界的纽约”街头，我被人的风景感动，再次让我确信——你的风格不可复制，人人都是上帝之杰作的信念。尤其让我喜欢的是，纽约人个个都是昂首挺胸。

在第五大道上，有太多把黑色穿得精妙的人，透明的黑，高贵的黑，别致的黑，艺术的黑，知性的黑，纽约的黑……一个颜色有无数的诠释和主人，真美好啊。

我忍不住为自己手中的工作感恩，它充满了活水的源泉……

闻着第五大道上混合着香水、马粪的奇异气息，抬头望着裙楼的塔尖为碧蓝的天空勾勒出来的蕾丝般的“花边”，我仿佛看到“美”穿越了一个又一个的时代，呼啸着来到我的身边，没有一个时代能够缺少它的踪影，美，如此的生生不息。

在第五大道上，我感慨能够成为他人眼中的风景应是一种人生姿态，尤其是那些长者和老弱的妇人，他们仍旧极其认真地呈现出因爱美而产生的动人。你的确会看到青春在一个人身上的彻底消失，但是你同时能够发现用一生维护和追求美之后，留在一个人身上不可磨灭的尊荣和高尚。

我看着每一个人的美丽，感到生命的美好，而爱美是如此有意义，爱美是一种人生的动力！我想着昨夜在酒店的房间里悉心挑选搭配的第五大道逛街服，就不禁微笑……每天晚上思考明日的穿着，是一件多么欢喜的事呀！我想起很小的时候，某一次大考的清晨，我坐在床边发呆，因为不知道该用哪件衣服搭配一条百褶的花裙……能否穿得恰当为我抵挡了太多对其他事物的担忧，甚至为我保存了许多的单纯。我深深地感谢美，爱美真是一个恩典，它让我沉浸其中，而且将我带到它的深处，去发现与之相连的奥秘，一个简单而又伟大的奥秘——美，必须从内心活出来！

黑玛亚

2011 年 8 月 19 日于纽约

{附录}

玛亚衣橱里的生命

正如每个人都是独特的，每一位优质的时装设计家也都有他们的独特之处。但是最精粹的设计家，其独特的优质艺术表现却是出自本身的内涵与品格。这种内在时尚品位不只是设计家个人的天赋、努力以及创意，也源自他们的生命与内在。全球著名的舞蹈家玛莎·葛兰姆（MarthaGraham，1894—1991）曾对我说，一个真正的舞者，舞蹈乃是呈现舞者本身，而不只是舞者的舞（dance is who you are not just something you do）；关乎你怎么生活、怎么经历人生、怎么作决定。对于任何艺术形态，这话都是适用的。因此，玛亚的衣橱也将让我们一窥这位极具创意、非常特别的人物的生命，并向我们展现出她对于人的美、优雅、健康、和谐与体贴的基本创意原则。

玛亚这种充满对自身与别人的体贴考量，使她珍视他人并极愿意付出她的一切，为对方打造出一种既优雅又适用于生活中各种角色的形象。正如玛亚本人，她的衣橱能适用于各种场合，她的衣服既可以应付工作的需求，也适用于家居与社区活动。她的衣橱及其时尚品位完全能合乎并满足每天实际生活的需要。

这种“体贴”的想法出自玛亚的天性，对于她来说有如呼吸一般自然。设计的背后表现出她的清晰、有条理、有计划，比如她喜欢使用大地的色调以及中性色系在她的衣服上，使它们很容易搭配。同时，这样的“考量”让她使用优质的素材与面料展现出女性的美与细致，使她创造出自己的设计风格，既实用又自信，使女人每天在衣服上的选择变得容易又美好。

任何艺术设计都包含了一个又一个选择。若成功，每一个选择不仅能与其他的选择相和谐，也与整体和谐。玛亚的衣橱会向你透露这种和谐的选择。比如，她在素材、颜色以及个人形态等基本特质上，选择简单的线条来表现典雅的美。这种“简单线条”的选择与她“优雅”的选择相和谐。因为优雅的特质是灵活流动的，会使穿着者轻巧自然。同时优雅也要求一种谦卑的自信，走进房间时，衣服不会喧哗强势。优雅是一种对人的慷慨，来自一个人的正直、完整与自信。“优雅”与“简单”相结合，加上“体贴”以及优质与原创，使玛亚的衣服默默地将那些标新立异、以浮华亮丽竞宠的设计一一比下去了。就这样，玛亚许多和谐的选择使她创造出实用、优雅又经典的设计风格，充满着她的衣橱，浸润着她的作品。

在我第一次来深圳时，她带我与她的员工午餐，我便注意到玛亚这样的素质。虽然当时我们才刚认识，她却已经在这个场合显露出温柔、女性、自信、周全的特质。由于她优雅简单的选择，使我们能有一处安静不被打扰的天地；她体贴雅致的协助，替我选择一份不善用筷子也可以享用的午餐；在安排座位上她也考虑了谁能讲英文，谁只能讲中文——玛亚轻易地便为大家安排了一顿既愉快又和谐的午餐。

当然，除了她的选择，她美丽温暖的笑容与内心，以及一切我前面提到的特质都一一成为她的艺术。她的心灵特质以及天赋的直觉在她如何使用饰品上都一一表现出来——丝巾、胸针、帽子、鞋子、腰带以及宝石等。

在最近的一次群芳鼎盛课程（Women Zenith Program，一个专为顶尖女性企业领导者设立的国际全方位终生课程）在韩国济州岛的研讨课中，我亲眼见到她如何将个人的感情特质得体地融入外部场合。我还记得当时的一个情景,她戴着一顶帽檐甚宽的帽子,配上一条丝巾。显然,这是为了遮阳，在我们散步去餐厅的20 分钟路程中不致晒伤皮肤。但是，她所选的颜色，大宽边帽，她系丝巾的方式，正在表达出与这20 位好朋友一起享受海边时光是多么快乐的一件事！仅仅看着她走出酒店与大家会合，就给人带来一种愉悦的时尚感。

在她的笔下，你可以了解到许多机智、体贴与优美的选择。然而还有一个非常重要却常常被忽略的创意要素，那就是她卓越的聪明才智，表现在她所做的每件事当中。科学研究显示，智能共有八种类型，玛亚全都用上了。本书以及玛亚的每一本书里，她总是慷慨用心地与她的读者分享这一切。

一个时尚设计家的衣服会明显地表露出他的设计是如何以视觉智能（visual intelligence，如何以视觉来呈现）、空间智能（spatial intelligence，东西如何放在一起）、肢体运动智能(bodily kinesthetic intelligence，身体如何动)、自然智能（naturalistic intelligence，如何使用面料与素材的天然功能）以及自我认知智能（interpersonal intelligence，知道自己的强弱项及自己的需要和才能）来完成其设计的。甚至，音乐智能也明显地应用在她所设计的衣服配合人体的天然韵律当中。此外，语言智能（linguistic intelligence，如何使用语言与人沟通）以及人际智能

（interpersonal intelligence，理解他人和与人相处的能力）不一定表现在玛亚的设计上，却很容易在玛亚的书里看出来。这两项智能不仅涉及说话写字，更是涉及如何聆听别人，如何学习，在与他人互动中发展自己的艺术创作的能力。

玛亚除了应用她的才智和选择创造出独特的时尚风格以外，她也将这一切应用在她的事业上——黑玛亚形象策划公司。在这里，她完全发挥她的才干，将每天对自己、对所服务的每个人以及她所处的社区的观察，加以创意整合，成为她衣橱的样貌。我深感荣幸得以一窥她的工作室。你今天所看到的正是玛亚衣橱的生命。

魏贝蒂（Betsy Wetzig），动作研究者，舞蹈创作者，教育家，以及“协调模式训练”（Coordination PatternTMTraining）、心智身体动力”（Psyche-Soma Dynamics）、“全潜力学习”（Full Potential Learning）的原创者，“舞动至蓁：整全平衡领导力四基本能量”（Move to Greatness: Focusing the Four Essential Energies of a Whole and Balanced Leader）一书共同作者。她曾创立并担任“纽约魏氏舞蹈”以及“纽约声型”的总监。

此文为黑玛亚《我的衣橱经典》序言

（京）新登字083号

图书在版编目（CIP）数据
成就最美好的自己／黑玛亚著. —北京：中国青年出版社，2011.11
ISBN 978-7-5153-0264-5

Ⅰ.①成… Ⅱ.①黑… Ⅲ.①个人-形象-设计 Ⅳ.①B834.3
中国版本图书馆CIP数据核字（2011）第200268号

责任编辑：李　凌
封面设计：门乃婷工作室
内文设计：瞿中华

出版发行：中国青年出版社
社址：北京东四12条21号
邮政编码：100708
网址：www.cyp. com.cn
编辑部电话：（010）57350520
门市部电话：（010）57350370
印刷：北京富诚彩色印刷有限公司
经销：新华书店

开本：700×1000
印张：15
字数：120千字
版次：2011年11月北京第1版
印次：2019年1月北京第10次印刷
定价：35.00元